TEXTES LITTERAIRES

Collection dirigée par Keith Cameron

CX

LE COMTE D'ESSEX

L'exécution du Comte d'Essex
(A Lamentable Ditty, c. 1675. By permission of the British Library: C.40.M.10(33))

THOMAS CORNEILLE

LE COMTE D'ESSEX

Edition critique

par

Wendy Gibson

UNIVERSITY
of
EXETER
PRESS

Je tiens à remercier chaleureusement le personnel de la Houghton Library à Harvard, celui des Ohio State University Libraries, et, de l'autre côté de l'Atlantique, les bibliothécaires de la Taylor Institution à Oxford qui ont tous répondu avec rapidité, compétence, et politesse à mes demandes de renseignements et de matériaux.

First published in 2000 by
University of Exeter Press
Reed Hall, Streatham Drive
Exeter EX4 4QR
UK

British Library Cataloguing in Publication Data
A catalogue record of this book is available
from the British Library

ISSN 0309-6998
ISBN 0 85989 666 8

Typeset by Julie Crocker

Printed in Great Britain by Short Run Press Ltd, Exeter

INTRODUCTION

Le 25 février 1601, dans la cour de la Tour de Londres, la hache du bourreau s'abattit trois fois sur le cou de Robert Devereux, deuxième Comte d'Essex, jugé coupable de haute trahison contre sa souveraine, Elisabeth 1ère. Dès ce moment, Marie Stuart, Reine d'Ecosse, considérée en France comme l'exemple moderne le plus éloquent des caprices de la fortune et de la chute des puissants de ce monde[1], eut un rival avec qui elle était obligée de partager sa triste renommée et l'honneur de se faire commémorer sur la scène française.

Comme Marie Stuart, Essex se rattachait par de forts liens à la France où, en un temps plus heureux, il avait brillé comme une étoile filante. Son nom de famille (d'Evreux) indiqua un ancêtre normand qui avait traversé la Manche avec Guillaume le Conquérant. En 1591 Essex avait visité le pays de ses aïeux en tant que commandant de troupes envoyées par Elisabeth pour assister son voisin protestant quémandeur, Henri IV, dans le siège de Rouen, tenue par la Ligue catholique. Jeune (23 ans), pimpant, assoiffé de gloire, il s'était attiré tous les regards en faisant une entrée magnifique dans Compiègne et en invitant le gouverneur de Rouen à se mesurer avec lui en combat singulier pour maintenir la beauté de leurs maîtresses respectives[2].

Les exploits dont on garderait plus longtemps le souvenir, et que les dramaturges du XVIIe siècle retiendraient, eurent lieu dans d'autres théâtres d'Europe, à savoir l'Espagne et l'Irlande. Les deux offensives lancées contre Cadix en 1596 et contre Ferrol en 1597 pour dissuader Philippe II de déclencher une seconde Armada servirent d'exutoires parfaits à l'exubérance juvénile du Comte. Il s'y distingua, non seulement par sa valeur et ses mœurs chevaleresques mais par des disputes avec ses collègues (dont Walter Raleigh) qui le jalousaient.

De retour en Angleterre, Essex se heurta à sa souveraine. Elisabeth en était venue à bien connaître l'homme à qui elle avait affaire: un bel enfant gâté et boudeur, au fond, mais quelqu'un dont le courage incontesté était utile à une souveraine féminine vulnérable, quelqu'un qui embellissait sa cour, et qui contribuait sans doute à combler le vide laissé par la mort (1588) de l'ancien favori royal, le Comte de Leicester, beau-père d'Essex. Assez sagace pour ne pas donner à Essex ni à ses protégés les postes gouvernementaux les plus élevés aux dépens d'administrateurs compétents tels que ses adversaires William et Robert Cecil, Elisabeth avait néanmoins

---

[1]Montaigne, *Essais*, éd. M. Rat, Liv. 1, Ch. 19, p. 79.
[2]Pierre-Victor Palma Cayet, *Chronologie novenaire*, éds J. F. Michaud et J. J. Poujoulat, pp. 299, 322.

ménagé l'hypersensibilité du Comte à tout ce qui pouvait ternir sa
réputation. C'était ainsi qu'il avait acquis les titres de grand maître de
l'Artillerie et de comte-maréchal d'Angleterre (1597), pour l'aider à digérer
l'ascension de rivaux de la taille de Robert Cecil. Insatisfait, Essex
prétendit commander en Irlande, où une rébellion croissante donnait des
idées aux Espagnols. Lors d'une querelle violente à ce sujet, Elisabeth gifla
Essex qui, d'un geste avant-coureur, mit la main à l'épée (1598). Il obtint
néanmoins ce qu'il revendiqua. Personne d'autre n'était enthousiasmé par
la perspective de servir en un pays de forêts et de marais parmi lesquels les
habitants rôdaient comme autant de bêtes fauves. Il partit en mars 1599,
armé d'instructions précises d'écraser la tête de la révolte, Hugh O'Neill,
Comte de Tyrone, individu insaisissable dont la spécialité était d'entraîner
les Anglais dans des pourparlers et des trêves et d'en profiter pour
renouveler ses forces. Essex se laissa duper comme ses prédécesseurs, puis,
affolé par les reproches cinglants d'Elisabeth, il abandonna son armée et
courut se jeter aux pieds de la reine étonnée qui n'eut pas le temps même
de remettre sa perruque sur ses cheveux rares. Cependant son humilité
impertinente ne lui coûta que dix mois de surveillance étroite et la perte de
presque tous ses postes. Si la reine nourrissait encore l'espoir que le
déserteur pourrait lui rendre service, cet espoir fut anéanti le dimanche 8
février 1601 quand il tenta, avec l'aide de quelques nobles aussi endettés
que lui-même, de soulever la capitale et de s'emparer de la Cour au palais
de Whitehall. Les Londoniens, compatissants mais prudents, ne bougèrent
pas. Traduit en justice, il se comporta en aristocrate soucieux de ne pas
flétrir sa gloire, cherchant à disculper son ami et complice principal, le
Comte de Southampton, mais refusant de s'humilier devant ses juges ou de
demander pardon à Elisabeth. Celle-ci hésita à mettre à mort le coupable,
comme elle l'avait fait lorsqu'il s'était agi de l'exécution de Marie Stuart.
Mais cette fois Essex était allé trop loin. Il avait touché au sceptre, et il en
mourut.

Tels étaient, en résumé, les faits de l' 'affaire Essex', diffusés par plusieurs
historiens et annalistes estimés du début du XVIIe siècle. L'œuvre qui
offrait aux dramaturges français un luxe de détails pittoresques était celle
de William Camden — les *Annales* — traduite du latin en français en 1627.
Quoique loyal envers Elisabeth, Camden plaignait le sort d'Essex qu'il
dépeignait comme un homme magnanime dont la poursuite farouche de la
gloire le mettait dans l'impossibilité de supporter les rivaux et les
fluctuations de la faveur royale. Les historiens français contemporains de
Camden ne pouvaient pas donner la même garantie d'authenticité que

celui-ci, témoin oculaire du procès fait au Comte. Mais il était possible, en parcourant les chroniques volumineuses de Palma Cayet ou la vaste *Histoire Universelle* de J.-A. de Thou, d'en extraire une esquisse de la carrière d'Essex et un aperçu de l'impression qu'il avait faite lors de son séjour en France[3]. Malgré l'abondance de la documentation et la richesse du sujet, les Français montrèrent peu d'empressement, au début, à en tirer parti. La Grande-Bretagne était loin d'être une terre inconnue, surtout pour les gens lettrés, ayant été placée 'devant l'opinion française' depuis longtemps, comme l'a montré G. Ascoli dans deux gros volumes. Mais l'épisode dut 'mûrir', paraît-il, pendant quelques décennies et s'éloigner en quelque sorte des contemporains avant d'être porté à la scène. Les vrais acteurs du drame, contemplés à travers le verre grossissant du temps, pouvaient alors, semblables aux héros de la Grèce et de la Rome antiques, s'auréoler de prestige et se prêter à des interprétations fort diverses.

Il fallut attendre l'année 1638 pour qu'un dramaturge français s'intéressât non seulement aux rapports entre Elisabeth et Essex, mais à d'autres célébrités de l'époque Tudor. Cet amateur d'intrigues aristocratiques anglaises fut G. de Costes de La Calprenède, auteur prolifique, mieux connu actuellement pour ses romans touffus que pour son théâtre. Rien dans sa biographie[4] n'explique l'origine de sa curiosité à l'égard des faits et gestes de la famille royale anglaise, mais il est très clair qu'ayant trouvé une veine fertile à exploiter il tint à l'épuiser[5] et qu'il indiqua la voie à d'autres écrivains[6].

La pièce qui nous intéresse ici, *Le Comte d'Essex*, fut publiée en 1639. La Calprenède s'y montre plus fidèle aux détails fournis par l'histoire que ne le sont ses émules de la deuxième moitié du siècle[7], ayant travaillé, déclare-

---

[3]Palma Cayet, *Chronologie novenaire* (1608), op. cit., pp. 299, 321-2, 743-4, 793-4; et *Chronologie septenaire* (1605) éds J. F. Michaud et J. J. Poujoulat, pp. 35-6, 138-42; J.-A. de Thou, *Histoire universelle*, Vol. XIII, pp. 574-89.

[4]Naguère établie avec soin par H. C. Lancaster, *Modern Philology*, juillet et novembre 1920, et plus récemment par J. Scherer, *Théâtre du XVIIᵉ Siècle*, Vol. II, 1986, pp. 1291-3.

[5]Ainsi *Jeanne Reyne d'Angleterre* (1638) et *Edouard* (1640) accompagnèrent *Le Comte d'Essex*.

[6]A Régnard, dans l'immédiat, qui composa une *Marie Stuard* (1639) et à La Serre qui produisit la tragédie de *Thomas Morus* (1642).

[7]On trouve des allusions précises à la prise de Cadix (v. 125); à l'âge mûr de la reine (v. 626); au juge Popham (3ᵉ acte); aux titres qu'avait obtenus Essex (v. 774); à l'emprisonnement dans Essex House des conseillers royaux envoyés par Elisabeth au Comte juste avant sa tentative de soulever la capitale (v. 821-4); à la façon dont le Comte de Southampton avait été assailli dans la rue par un ennemi d'Essex, Lord Grey (v. 881-4); au fier discours qu'avait prononcé le ministre Robert Cecil, calomnié en public par l'accusé (v. 940-52); au plaidoyer de celui-ci en faveur de son ami Southampton (v. 955-66); enfin, à la présence de Raleigh à l'exécution (V, 1) et à la décapitation de Marie Stuart (v. 1710). Il est possible aussi de discerner une référence aux accès de ferveur religieuse qui accablaient Essex de temps en temps

t-il dans un 'Au Lecteur' alléchant, 'sur de bonnes mémoires... reçues de personnes de condition[8] et qui ont peut-être part à l'Histoire'. On hésiterait, cependant, à qualifier la pièce de tragédie historique ou politique, étant donné le rôle prépondérant qu'y joue l'amour contrarié. De la première scène jusqu'à la dernière, le personnage d'Elisabeth parle de sa faiblesse amoureuse et physique, et souligne les paroles par les gestes en changeant d'expression (v. 158,1482), en s'appuyant sur ses 'damoiselles' (v. 150, 413, 1718-20), et en s'évanouissant (v. 1616-7)[9]. Il est vrai que parfois la fierté de la reine, dont fait mention le connaisseur Essex ('Superbe Elisabeth...', v. 309, 1286), s'éveille. Mais la plupart du temps on pourrait s'étonner comme le ministre Cécile (= Robert Cecil) qui avoue chercher sa reine et ne plus la trouver[10]:

> Ah! Ciel! qu'est devenu cet esprit de clairté
> Cet esprit plein de flamme et de vivacité,
> Cette rare prudence, et la haute pratique
> De la plus grande Reine et la plus politique
> Qui jamais ait porté le diadème au front? (v. 335-9)

En outre, Elisabeth est fâcheusement obligée de partager à la fois sa tendresse pour Essex et les chandelles de la rampe avec une autre femme faible, l'ancienne maîtresse du Comte, Madame Cécile[11], qui a besoin d'être portée soudain sur son lit de mort après s'être laissée persuader par son mari de se venger de l'amant volage (V, 4-6).

Entre ces deux femmes qu'il a trahies, Essex ne fait pas bonne figure. Son attitude envers la reine est mal polie, pour ne pas dire grossière. Il déchire devant elle une lettre compromettante qu'elle lui tend et l'accuse

---

[8]Habile mensonge publicitaire ou vérité? On remarque que la pièce est dédiée à Anne de Rohan, princesse de Guéménée, qui était la belle-sœur de la remuante Marie de Rohan, duchesse de Chevreuse. Or, celle-ci connaissait bien la cour anglaise où son mari et elle avaient été reçus avec magnificence en 1625, lorsqu'ils servirent d'escorte à Henriette de France, nouvellement mariée à Charles I. Est-ce là un canal par lequel La Calprenède serait entré en contact avec des notabilités anglaises en mesure de lui fournir des 'mémoires'? Ce qui n'est pas douteux, c'est que La Calprenède a utilisé Camden, jusqu'au point de le traduire dans quelques-uns des vers de la scène du Jugement (v. 922-5, 928, 941-52).

[9]Il est vraisemblable, dans ces circonstances, qu'elle se plaigne d'un mal de tête pour pouvoir se débarrasser d'importuns (v. 394-6).

[10]On se souvient de ce que Mathan, déçu, dira d'Athalie (*Athalie*, III, 3, v. 870-76). Il y a une autre ressemblance entre La Calprenède et Racine en ce que les points de vue opposés de Cécile et de Salsbury dans la scène dont il s'agit (II, 1) rappellent ceux d'Abner et de Mathan qui luttent, eux aussi, pour avoir l'oreille de leur souveraine (*Athalie*, II, 5).

[11]La femme véritable de Robert Cecil, Elizabeth Brooke, était morte depuis 1597, sans avoir acquis la réputation que lui prête La Calprenède.

d'être une ingrate qui 'appuy[e] ce damnable dessein' (v. 132) de ses ennemis de le perdre. A Madame Cécile venue dans la prison lui recommander de se soumettre à Elisabeth, Essex conseille de ne se mêler que de ce qui regarde 'cette belle flamme' (v. 582) qu'il prétend éprouver toujours pour sa visiteuse sceptique:

> Que ce puissant esprit [Elisabeth] gouverne son État,
> Et ne se trouble plus pour un sujet ingrat;
> Elle doit maintenant avoir de la prudence,
> Qu'elle quitte l'amour, son âge l'en dispense,
> Donne-lui ce conseil, et plus juste reçois
> Pour la dernière fois et mon cœur et ma foi. (v. 623-8)

Face à ses adversaires et à des subalternes — qu'il met d'ailleurs sur le même plan — il éclate en menaces (I, 6) et en provocations (II, 4; V, 1). La colère et le dédain, bien attestés par Camden, que montra le personnage historique lorsqu'il comparut devant le tribunal chargé de le condamner, ne sont que trop fidèlement reproduits par La Calprenède dans la scène du Jugement, qui commence par cette bravade:

> Savez-vous qui je suis, savez-vous qui vous êtes?
> Et bien qu'en vos faveurs mon destin m'ait trahi,
> Vous souvient-il encor de m'avoir obéi? (v. 690-92)

Les principales cibles d'attaque — Raleig et Cécile — ne renseignent pas le spectateur sur les motifs secrets de leur hostilité envers Essex[12]. Ce sont des traîtres, selon lui, ou des hommes de bien, selon eux-mêmes, constatations qui résument assez bien la représentation, à peine nuancée, des personnages.

La structure et le style portent les marques de l'époque où la pièce fut composée. Les fameuses Règles posaient des problèmes évidents pour un dramaturge comme La Calprenède auquel on reconnaissait le talent d'allonger les histoires succulentes plutôt que de les abréger[13]. Il se débrouille avec l'Unité de Temps[14], bute contre l'Unité d'Action[15], et

---

[12]Essex laisse entendre que Cécile n'arrive surtout pas à supporter le cocuage (v.917-20), état qui, au XVIIe siècle, attirait sur la victime la honte et la plaisanterie plutôt que la compréhension et la sympathie.

[13]Tallemant des Réaux, *Historiettes*, éd. A. Adam, Vol. II, p. 585.

[14]Le Jugement a lieu le lendemain de l'arrestation du Comte (v. 676) mais on peut imaginer sans trop de peine que l'action commence pendant l'après-midi de la première journée et finit pendant celui de la deuxième journée.

[15]A cause des personnages épisodiques tels que le Comte de Salsbury et Popham qui paraissent chacun dans une seule scène, sans avoir été annoncés.

jongle avec l'Unité de Lieu[16]. Chaque acte, sauf le troisième, fournit des exemples de manquements à la règle de la liaison des scènes[17]. Celle des bienséances est violée par l'invention du rôle de Madame Cécile, une femme adultère qui voudrait pouvoir continuer à pécher. L'unité de ton risque d'être perdue et la tragédie glisse vers la comédie au moment où cette femme, moribonde mais furibonde, crache au nez de son mari les paroles terribles:

> Va monstre, va cruel, je ne t'aimai jamais.
> L'horreur que j'eus pour toi fit naître dans mon âme
> Pour un plus digne objet une plus belle flamme,

et lui ne trouve rien d'autre à dire que

> Consolez-vous, Madame, et recevez la Reine,
> Elle entre dans la chambre et vous vient visiter. (V, 5, v. 1540-42, 1550-51)

La platitude de tels vers[18] fait contraste avec d'autres où l'auteur cède au goût de ses contemporains pour les phrases alambiquées et les figures de rhétorique[19].

Malgré quelques défauts voyants, cette pièce irrégulière, au style rocailleux, ne manque pas de qualités dramatiques. La Calprenède a beaucoup misé sur le spectacle — des femmes qui se pâment; des suppliants à genoux; des visages qui expriment l'angoisse ou la peur[20]; la bague, gage de la clémence royale, que Madame Cécile remet tardivement à Elisabeth[21]; l'arrestation et le jugement du grand seigneur fautif — pour

---

[16]'La scène est à Londres', nous dit-on, mais l'action se déroule tantôt dans le cabinet d'Elisabeth et dans une chambre contiguë, tantôt à l'intérieur de la prison dans la Tour de Londres.

[17]I, 4-5; II, 3-4; IV, 4-5, 6-7; V, 1-2, 4-5.

[18]Cf. la fin de l'acte 2, scène 4 où des paroles hautaines contre les 'lâches ennemis d'un généreux courage' aboutissent au vers prosaïque 'Mais, bon Dieu, qui me [le Comte emprisonné] vient encore importuner!' (v. 545, 547).

[19]Voir la quantité d'antithèses dont Elisabeth accouche après l'exécution du Comte (V, 3, v. 1472-8), et sa façon d'envisager le suicide:

> Perçons plutôt ce cœur où cet ingrat demeure,
> Et pour punir ce lâche [= cœur] à qui ce traître [= Essex] est cher,
> Perçons tous les endroits qui le peuvent cacher. (I, 4, v. 190-92)

La personnification du cœur perfide qui mérite d'être puni avait paru dans la tragédie populaire de Thomas Corneille, *Ariane* (1672), IV, 3.

[20]Voir M. Baudin, 'Le Visage humain dans la tragédie de La Calprenède', *Modern Language Notes*, février 1930.

[21]Au XXe siècle on traite de légende posthume cette histoire d'une promesse faite par Elisabeth 1ère (la véritable) au Comte d'Essex que si jamais le comportement de celui-ci la força de sévir contre lui, il

retenir l'intérêt du public. Mais il ne néglige pas le conflit intérieur, prolongé chez Elisabeth et Madame Cécile, et il n'ignore pas l'art de mettre ensemble des personnages qui ont des raisons de se quereller, d'où l'explosion verbale, ou, également génératrice de suspense, la dissimulation. La scène d'ouverture, où Elisabeth tance vertement le Comte impénitent, est saisissante et évoque heureusement une reine capable de donner un soufflet à un favori incapable de le supporter. Par la suite le Comte est contraint d'aiguiser sa langue sur des personnages de moindre envergure, car l'occasion de faire face à son interlocutrice indignée ne lui est plus jamais octroyée dans la pièce.

****

Elisabeth et Essex s'éclipsèrent longtemps de la scène française[22]. Ce ne fut qu'en 1678 que Thomas Corneille présenta de nouveau les personnages sur la scène théâtrale, imitant en cela son frère aîné Pierre qui en 1663 avait ressuscité la *Sophonisbe* (1634), pièce à succès de Jean de Mairet. L'œuvre romanesque de La Calprenède avait déjà été scruté par Thomas, qui y avait repéré[23] le sujet de sa pièce de résistance, *Timocrate* (1656), réussite sensationnelle auprès du public. Il n'était pas du tout surprenant que Thomas se tournât encore une fois vers un auteur qu'il appelait 'incomparable' et qui lui avait porté bonheur.

Dans le long intervalle entre la publication de la tragédie de son prédécesseur et la composition de la sienne, les ingrédients de base du genre — héroïsme, politique, amour — n'avaient guère varié. Cependant les spectateurs applaudissaient maintenant à un héroïsme moins agressif et moins meurtrier que celui qui avait fait délicieusement frissonner leurs homologues des années trente et quarante, et il fallait quelque grand intérêt d'Etat qui ne s'opposât que discrètement à l'Amour victorieux. Les femmes

---

aurait la vie sauve pourvu qu'il renvoyât à la reine une bague dont elle lui fit don. Pour les origines de l'anecdote, que certains Français et Anglais du XVIIe siècle croyaient véridique, voir H. C. Lancaster 'La Calprenède Dramatist', *Modern Philology*, op. cit., 1ère Partie, pp. 136-41; L. Alfreda Hill, *The Tudors in French Drama*, p. 133, n. 2; *Théâtre du XVIIe siècle*, op. cit., Vol. II, p. 1306, n.1; R. Lacey, *Robert Earl of Essex*, pp. 314-5.

On pourrait ajouter que les plus grands dramaturges du siècle — Rotrou, par exemple, dans *La Bague de l'Oubli* (1635), Pierre Corneille à la fin de *Nicomède* (1651), et Quinault dans le troisième acte d'*Astrate* (1665) — n'ont pas dédaigné de faire usage de l'accessoire d'une bague pour multiplier les péripéties et augmenter le suspense.

[22]Une version espagnole de la mort d'Essex, attribuée à Antonio Coello, apparut en 1638 sous le titre prometteur *El Conde de Sex*. Dans cette pièce Essex se laisse exécuter pour sauver la vie de sa 'dama', une certaine Blanca, qui a attenté à la vie de la Reyna Isabela.

[23]Dans *Cléopâtre*, roman fleuve de douze volumes. Voir *Théâtre du XVIIe siècle*, op. cit., Vol. II, p. 1513.

étaient rendues responsables de cet 'amollissement' général. Hôtesses encensées de cercles mondains réunissant tout ce qui, dans la haute société, avait un 'nom' ou aspirait à en avoir un, et arbitres reconnues des élégances, elles étaient en mesure d'imposer au théâtre leur goût pour les problèmes du cœur[24] hachés menu et servis avec une pointe du pessimisme devenu à la mode depuis que les moralistes jansénistes et jansénisants avaient exposé '[l]'état déplorable de la nature corrompue par le péché'[25]. Thomas Corneille, qui savait cultiver d'utiles relations mondaines, surtout féminines[26], et qui se montrait remarquablement sensible à l'évolution des modes et mœurs contemporaines[27], fut tenu à la fois de répondre à l'attente de ses protectrices et de marquer son originalité par rapport à La Calprenède.

Le portrait qu'il brosse du Comte d'Essex est celui d'un homme fier, certes, mais qui a raison de l'être parce qu'il a été le pilier de l'Etat, de l'aveu même d'Elisabeth (v. 816, 1585), et qui meurt victime des fortes passions que ses prouesses ont suscitées autour de lui. Ses ennemis, réduits au seul Cécile [Robert Cecil][28], enfermé dans quatre scènes courtes (I, 3; II, 3; III, 1; V, 3), sont censés le haïr en raison de ses efforts de protéger le peuple contre leurs rapines[29] et avoir noirci toutes ses actions. Il est victime de l'imposture, et également de l'amour. Sa tentative récente de saisir Londres fut motivée, apprend-on, par son désir d'empêcher le mariage de sa bien-aimée la Duchesse d'Irton, fille d'honneur de la reine Elisabeth. Ayant échoué dans son projet, il préfère se laisser décapiter plutôt que de vivre en proie à son désespoir personnel et aux tendresses exigeantes d'Elisabeth. Le rôle de victime calomniée et d'amant parfait laisse peu de place pour l'action, politique ou autre. Son arrestation à la fin du deuxième acte l'empêche d'agir sur le plan matériel et son refus intransigeant

---

[24]R. Rapin, *Réflexions sur la Poétique de ce temps* (1674), éd. E. Dubois, p. 103: 'Car en effet les passions qu'on représente deviennent fades et de nul goust, si elles ne sont fondées sur des sentimens conformes à ceux du spectateur. C'est ce qui oblige nos poètes à privilégier si fort la galanterie sur le théâtre, et à tourner tous leurs sujets sur des tendresses outrées, pour plaire davantage aux femmes qui se sont érigées en arbitres de ces divertissemens, et qui ont usurpé le droit d'en décider'.

[25]La Rochefoucauld, *Maximes*, Avis au lecteur, 2e éd. (1666).

[26]G. Reynier, *Thomas Corneille, sa vie et son théâtre*, pp. 11-13.

[27]D'où la théorie des trois phases qu'aurait traversées son théâtre tragique: romanesque, cornélienne (imitation de son frère), racinienne. Voir Reynier op. cit., 2e Partie, ch. 1, 2, 3; D. Collins, *Thomas Corneille Protean Dramatist*, ch. 2, 3, 4.

[28]'Raleg' [sic] est mentionné dans le texte mais ne figure pas parmi les personnages. Il en va de même de 'Coban' (Henry Brooke, Lord Cobham, beau-frère et allié de Robert Cecil) qui était absent de la pièce de La Calprenède aussi. C'était contre ces trois hommes que le véritable Comte d'Essex sentait le besoin de se défendre, à ce qu'il dit lorsqu'il passa en jugement.

[29]On rencontre ici le thème du Méchant Ministre/Favori, refrain employé par tant de rebelles contemporains, dans la vie réelle aussi bien que sur la scène, pour légitimer leurs agissements.

d'implorer la clémence de la reine exclut toute possibilité de lutte intérieure. Comme le martyr Polyeucte créé par Pierre Corneille, le Comte imaginé par Thomas Corneille ne peut que dire 'Non' à une succession de 'tentateurs' qui s'efforcent de lui épargner une mort souhaitée. Parmi eux se trouvent deux personnages inventés dont les fonctions de défenseurs inébranlables d'Essex se chevauchent. Il s'agit, d'une part, de la Duchesse d'Irton, nouvelle mariée magnanime façonnée de la même étoffe que Pauline, la femme de Polyeucte; et d'autre part, du Comte de Salsbury[30], dont la loyauté envers son ami disgracié est louée par Elisabeth.

La reine elle-même fait penser à l'empereur Auguste, à qui Pierre Corneille avait donné le beau rôle dans sa tragédie *Cinna* (1640). Comme lui, elle a aspiré au pouvoir suprême et elle y est parvenue, mais quelque chose d'essentiel lui manque: la tranquillité d'esprit. Elle a été aussi ignorante que l'empereur de ce qui se tramait dans sa propre cour, jusqu'au moment douloureux où elle découvre que des personnes à qui elle s'était fiée et qui lui étaient chères l'avaient trompée. Ainsi qu'Auguste, enfin, elle doit choisir entre la rigueur et ce que les deux Corneille appellent la vertu royale par excellence, c'est-à-dire, la clémence[31]. Mais tandis que le sort d'un vaste empire dépendait des résolutions de l'empereur irrésolu, la décision que doit prendre la reine indécise, de supprimer ou de conserver la vie de son favori, n'influera que sur elle-même et sur son entourage immédiat[32]. Dans la tragédie de Thomas Corneille, à l'instar de celle de La Calprenède, Elisabeth peut s'offrir le luxe d'être amoureuse plutôt que reine. Tout simplement, elle veut voir Essex à ses pieds, si ce n'est en amant soumis, toujours éconduit mais espérant toujours[33], du moins en sujet repentant: 'Qu'il fléchisse, il suffit' (III, 2, v. 836). En fin de compte c'est elle qui doit fléchir, et entreprendre de mourir, après être passé par toute la gamme de transports, d'hésitations, et de revirements que les contemporains s'étaient accoutumés à rencontrer chez l'Héroïne Jalouse.

Du point de vue des personnages et des passions, cette pièce avait donc de quoi plaire, non seulement aux admirateurs des 'âmes peu

---

[30]Henry Wriothesly, Earl of Southampton, avait accompagné Essex lors du fiasco londonien et, grâce à son empressement à s'humilier devant leurs juges, avait évité la hache. Libéré de la Tour de Londres après la mort d'Elisabeth, Southampton réussit à s'insinuer dans les bonnes grâces de Jacques 1er et à devenir Earl of Salisbury en 1605. Encore une fois, La Calprenède était resté plus près de l'histoire authentique en retenant Southampton, sous le nom bravement francisé de Soubtantonne, mais il avait introduit aussi, dans une seule scène (II, 1) un Comte de Salsbury qui parle en faveur d'Essex.

[31]*Cinna*, v. 1265-6; *Comte d'Essex*, v. 887-8.

[32]Même si, comme elle le prétend, 'tout l'univers' fixerait son regard sur elle (v. 923-4). Cette préoccupation (voir aussi v. 445, 771-2, 1068-70, 1596) sent sa lecture attentive de la *Bérénice* de Racine.

[33]v. 395-407, 597-608. On aura reconnu là le rêve des précieuses: d'être courtisées inlassablement, sans jamais être capturées.

communes' que Corneille l'aîné s'était ingénié à mettre dans des situations 'hors de l'ordre commun'[34], mais aussi aux fervents de ces hymnes à la puissance de l'amour qu'étaient les tragédies dont Quinault, Racine, et leurs émules avaient échauffé la scène pendant les deux décennies précédentes. Du côté de la composition, pareillement, il y avait eu un effort visible de satisfaire les spécialistes en la matière. L'action est simple et ne comporte rien d'étranger à la progression d'Essex vers l'échafaud. Tout ce qu'il importe de savoir pour bien comprendre la situation est expliqué clairement dès la première scène, et le dénouement, convenablement voilé aux spectateurs par les oscillations d'Elisabeth, n'apporte pas de rebondissements imprévus[35]. Plusieurs allusions au déroulement du temps (v. 284, 1164) soulignent l'adhésion de l'auteur à la règle des vingt-quatre heures. S'il ne vient pas à bout de la difficulté de conserver un seul lieu d'action[36] et doit opter pour la même solution élastique que La Calprenède, en revanche il prend plus de soin d'enchaîner ses scènes. Il utilise des effets visuels — épée ôtée à Essex (II, 7); pleurs (III, 2; IV, 4; V, 5); agenouillement (III, 3); visages expressifs et évanouissement (IV, 4) — mais il paraît s'y fier moins que ne l'avait fait La Calprenède, car il ne retient ni la bague[37] ni l'appareil de la Justice[38]. Il interrompt même le récit obligatoire de la Mort du Héros au moment où l'image visuelle risque de devenir trop forte (v. 1582-3). L'œuvre entière est caractérisée par cette retenue qui se fait sentir jusque dans les instants d'émotion vive. On dirait que Thomas Corneille applique à l'avance la règle recommandée aux dramaturges par Voltaire: 'il ne faut pas qu'on prononce en public un mot qu'une honnête femme ne puisse répéter'[39].

---

[34]*Horace*, v. 435-6.

[35]Cf. le dénouement trouvé par La Calprenède où le drame dont Madame Cécile est le centre prend brusquement de l'ampleur dans les dernières scènes (V, 4-6).

[36]'Theatre este [sic] un palais et une prison qui paroist au quatriesme acte' dit *Le Mémoire de Mahelot*, éd. H. C. Lancaster, p. 115.

[37]Episode dont il n'avait pas trouvé la source historique, affirme-t-il dans son 'Au Lecteur'.

[38]Selon l'explication traditionnelle, Thomas Corneille aurait pris note de la condamnation prononcée par l'abbé d'Aubignac (*La Pratique du théâtre*, éd. P. Martino, p. 312) de la scène du Jugement dans la pièce de La Calprenède. Or, d'Aubignac ne mentionne pas le nom de La Calprenède à cet endroit de son texte et la description qu'il donne de ce qui se passe d'ordinaire dans ces sortes de scènes ne s'applique pas du tout au Jugement dont il s'agit. Qu'on en juge:
'...le Theatre languit, si-tost qu'il est question de juger; La raison est que ceux qui restent, quand ce personnage [le héros de la pièce] s'est éloigné, sont ordinairement de mauvais Acteurs, tous assis, et partant sans action; recitant deux ou trois mauvais vers, et qu'on ne peut faire gueres meilleurs, en cette rencontre; et des gens encore qui sans interest suivent par lâcheté les volontez d'un Tyran.'

[39]*Lettres Philosophiques*, éd. G. Lanson, Vol. II, p. 104.

L'ouvrage débuta sous de favorables auspices. Représenté pour la première fois le 7 janvier 1678 selon Donneau de Visé[40], par la troupe de l'Hôtel de Bourgogne[41], il fut 'admirablement soutenu' par l'actrice de trente-six ans qui jouait le rôle d'Elisabeth: Mademoiselle de Champmeslé (Marie Desmares), 'l'élève' de Racine[42]. Monsieur, frère de Louis XIV, et sa deuxième femme, qui appréciaient fort les divertissements théâtraux, assistèrent à une des représentations et se répandirent en éloges. Cependant, quelques-uns ne se laissèrent pas toucher par les malheurs du héros ou par les charmes de la Champmeslé jusqu'au point d'omettre de faire attention aux alexandrins qu'ils prononçaient et d'y trouver quelque chose à désirer. 'Une douzaine de vers qu'on a prétendu négligés', révèle De Visé, 'a fait dire aux uns et aux autres, qu'il [Le Comte] seroit encore plus promptement condamné en France, qu'il ne l'avoit été autrefois en Angleterre. On l'a publié, on l'a écrit en Province'. Il n'y a pas moyen d'identifier les blagueurs ou les envieux à qui le *Mercure Galant* fait allusion, surtout dans le cas d'un auteur qui passe pour avoir joui du rare bonheur de ne pas s'être fait d'ennemis[43]. Peut-être étaient-ils associés à l'initiative prise par un théâtre rival, celui du Guénégaud, de monter une tragédie sur un sujet identique.

Cette deuxième, ou plutôt troisième, version du *Comte d'Essex*, parue le 25 février 1678, émana de la plume de l'abbé Claude Boyer, prédicant raté qui s'était transformé en dramaturge surfait. A en croire la préface de son œuvre, il s'était mis au travail environ six semaines avant la première de la pièce de Thomas Corneille, et n'avait aucune intention de 'suivre l'exemple de ceux qui par chagrin ou par émulation ont doublé des pieces de Theatre'. Le fait est que Boyer eut tellement hâte d'achever son travail qu'il emprunta à La Calprenède des détails de personnages[44],

[40]Dans le *Mercure Galant* de décembre 1677, cité par les frères Parfaict, *Histoire du théâtre françois*, Vol. XII, p. 75: 'La Troupe de l'Hôtel de Bourgogne promet pour le lendemain des Rois, sans remise, la première représentation du *Comte d'Essex* de M. Corneille le jeune'.
[41]Pour les rapports entre Thomas Corneille et l'Hôtel de Bourgogne, voir C. Gossip, 'Vers une chronologie des pièces de Thomas Corneille', *Revue d'histoire littéraire de la France*, 1974, pp. 1056-7.
[42]*Mercure Galant*, cité par les frères Parfaict, op. cit., p. 78. Il est curieux que le nom de l'acteur qui a créé le rôle d'Essex ne soit pas mentionné, surtout si c'était une des étoiles du théâtre.
[43]Reynier, *Thomas Corneille*, op. cit., p. 74.
[44]Chez La Calprenède et Boyer les deux suivantes de la reine s'appellent Alix et Léonore, le 'chancelier' Popham préside au Jugement, et le Comte de Salisbury (qui s'orthographie 'Salysbery' dans la pièce de Boyer) essaie de sauver l'inculpé. Le capitaine des gardes, à qui La Calprenède n'avait pas donné de nom personnel, reçoit celui de 'Valden' dans la tragédie de Boyer. Le dramaturge avait dû lire quelque part le nom du baron Howard de Walden (Thomas Howard) qui était connétable de la Tour de Londres et un des juges qui condamnèrent Essex à mort.

d'incidents (la bague[45] et le Jugement y compris), et même des vers entiers[46], et qu'il essaya d'ériger le plagiat en pratique littéraire respectable[47].

Malgré sa dette avouée envers La Calprenède, l'abbé réussit à broder un peu sur un canevas en passe de devenir usé. Son Elizabet (sic) donne une leçon de féminisme au Comte,

> Respectant peu les loix que nostre sexe donne,
> Tu me croyois peut-estre indigne de regner.
> Ce sexe toutefois que tu veux dédaigner,
> A fait souvent honneur à la grandeur suprème.
> Sans porter une épée on porte un diadême,
> La vertu, la raison font la grandeur des Rois,
> Sans répandre du sang on peut donner des lois,
> L'art plûtost que la force écarte la tempeste
> Et le bras sur le Thrône agit moins que la teste (I, 7),

avant de le poursuivre énergiquement de propos non équivoques:

> Je t'aime…(I, 7);
> Mais songez que souvent il est beau de descendre
> De ces grands sentimens à l'amour le plus tendre (III,5);
> Je voulois ton amour, tout le reste n'est rien (V,4)[48].

Hélas pour elle, Essex a sans cesse dans la bouche les mots 'gloire' et 'honneur' et devant les yeux l'image de Clarence, jeune duchesse dont l'aptitude à se sacrifier ressemble fort à celle de la Duchesse d'Irton dans la pièce de Thomas Corneille. Elle sert de repoussoir aux ennemis du Comte:

---

[45]L'absence de cet incident rendit perplexes des spectateurs anglais, d'après Boyer: 'Je la [la circonstance de la Bague] tiens historique, et d'ailleurs c'est une tradition si constante parmi tous les Anglois, que ceux de cette Nation qui ont vû le Comte d'Essex à l'Hostel de Bourgogne, ont eu quelque peine à le reconnoistre par le deffaut de cét incident' (Au Lecteur).

[46]H. C. Lancaster, *A History of French Dramatic Literature in the 17th Century*, 4ᵉ Partie, Vol. I, p. 152, n. 27, cite en entier le principal emprunt qu'avait fait Boyer à la première scène de la tragédie de La Calprenède, et renvoie à d'autres scènes où l'imitation est visible sans être, pour la plupart, servile. Lancaster a raison d'affirmer (pp. 153-4) que Boyer résista à la tentation de piller Thomas Corneille. Il n'y a que la phrase 'Le Comte est là', employée une suivante pour annoncer l'arrivée d'Essex (T. C. II, 4; Boyer I, 5), qui soit identique dans les deux tragédies.

[47]'J'ay crû que puisque nos meilleurs Autheurs se picquent d'emprunter les sentimens et les vers des Anciens qui nous ont devancés de plusieurs siecles, que nous pouvions aussi emprunter quelque chose de ceux qui ne sont plus et qui nous ont precedés de quelques années…' (Au Lecteur).

[48]Boyer met en présence son héros et son héroïne trois fois tandis que La Calprenède et Thomas Corneille se limitent à une seule entrevue. La vraisemblance et l'Unité de Lieu sont observées en même temps parce que Boyer donne pour prison à Essex l'appartement de la reine.

Raleg, à qui l'auteur n'assigne que 36 vers, et Coban, tiré enfin de la pénombre de l'histoire où l'avaient laissé La Calprenède et Thomas Corneille pour jouer le rôle savoureux de jusqu'au-boutiste retors et perfide qui meurt frustré de la main d'Elizabet mais satisfait d'avoir précipité l'exécution du héros qui y faisait obstacle:

> Tourné vers l'Echafaut de ses yeux il devore
> Sa victime au milieu du sang qui fume encore,
> De sa barbare joye étale le transport,
> Triomphe encor du Comte, et joüit de sa mort (V, 11).

Boyer se félicita de l'invention de Clarence et de Coban qui parut 'naturelle et heureuse' (Au Lecteur) et se déclara plus que content de la réussite de sa tragédie. Il se contentait donc de peu, puisqu'elle ne fut représentée que onze fois[49].

La popularité de l'histoire du Comte n'en souffrit pas, tant s'en faut. Quelques mois plus tard le libraire Claude Barbin publia un petit roman en deux parties intitulé *Le Comte d'Essex, Histoire Angloise*[50], traduction d'un 'romance' anonyme anglais d'environ 1650. L'intrigue n'a presque rien à voir avec celles de La Calprenède, de Thomas Corneille, ou de Boyer. Cette fois le personnage principal est une certaine Comtesse de Nottingham, confidente jalouse d'Elisabeth et de la femme clandestine d'Essex, et bien-aimée du chancelier (sic) Cécile avec qui elle complote la mort du Comte d'Essex autrefois infidèle. Cet opuscule fade n'est intéressant que dans la mesure où il comprend la légende durable de la bague et témoigne de l'extrême sans-gêne avec lequel on en était venu à traiter des événements et des personnages historiques aux contours pourtant bien précis.

Au siècle suivant, de telles libertés firent froncer d'augustes sourcils. Voltaire, ajoutant à ses copieux *Commentaires sur [Pierre] Corneille* (1764) quelques observations sur des pièces choisies de Thomas, dressa une liste d'endroits où celui-ci avait falsifié l'histoire: célibat attribué gratuitement à Essex; naissance des ennemis du Comte injustement avilie; passion exaltée chez une reine presque septuagénaire; prétendue absence de la signature royale sur l'ordre d'exécution; sans compter les noms et les personnages tout à fait fictifs. L'auteur des *Lettres écrites sur les Anglais* dut constater toutefois que ni les entorses faites à la vérité historique, ni les

---

[49]*Le Registre de La Grange*, éds B. et G. Young, Vol. I, pp. 202, 208, 210.

[50]Le privilège de l'édition consultée à la British Library est daté du 1er juin, et l'achevé d'imprimer du 6 juin, 1678. G. Ascoli fait mention d'une édition dont le privilège est daté du 1er mai (*La Grande-Bretagne devant l'opinion française*, Vol. I, p. 247 et Vol. II, p. 285).

lapsus de style qu'il éplucha avec dédain, ne nuisirent au succès de la pièce. Alors, tant comme il se sent attiré malgré lui vers le 'barbare' Shakespeare, il essaie de trouver quelques solides raisons au plaisir 'irrationnel' éprouvé devant un ouvrage qu'il qualifie de 'médiocre'. Les premiers spectateurs, avance-t-il, ignoraient l'histoire d'Angleterre[51], ils n'étaient pas gâtés par une abondance de bonnes tragédies, et ils étaient éblouis par le jeu d'acteurs bien habillés: 'Les acteurs[52], et surtout ceux de province, aimaient à faire le rôle du comte d'Essex, à paraître avec une jarretière brodée au-dessus du genou, et un grand ruban bleu en bandolière [sic]'[53]. Restait l'intérêt inhérent au sujet:'le public voit une reine qui a fait condamner à la mort un homme qu'elle aime; on s'attendrit... Le comte d'Essex, donné pour un héros du premier ordre, persécuté par l'envie, ne laisse pas d'en imposer'[54]. C'était reconnaître que Thomas Corneille, sans pouvoir se maintenir à la hauteur de son frère admiré, avait le don — qui n'était pas mince — de flairer un bon sujet et d'en exprimer ce qu'il fallait pour atteindre son public en plein cœur.

****

On n'exhume plus les œuvres du XVIIe siècle sans autre justification que celle d'avoir épousseté quelque relique précieuse d'une époque où 'tout tendait au vrai et au grand'[55]. Il est nécessaire, vous diront bien vite des éditeurs peu encombrés d'idéalisme, de faire vendre un texte vieillot, convaincre les amateurs de lecture qu'ils ont failli ignorer un petit joyau qui

---

[51]Le critique allemand Lessing prit plaisir à prouver que Voltaire était susceptible de se tromper pour le moins aussi lourdement que les contemporains de Louis XIV dans le domaine de l'histoire élisabéthaine, mais il n'alla pas jusqu'à contester l'opinion voltairienne sur les imperfections de la structure et du style de la pièce de Thomas Corneille (*Hamburgische Dramaturgie*, 1767-9; édition de Stuttgart, 1958, pp. 92-7).

[52]A partir de 1708 les acteurs de la Comédie-Française jouèrent la vieille tragédie — parfois avec de longs intervalles entre les représentations, il est vrai — jusqu'à la fin du XVIIIe siècle. Pour toutes les vicissitudes de l'existence de la pièce, consulter H. C. Lancaster, *The Comédie Française 1680-1701* et *The Comédie Française 1701-1774* passim, et A. Joannidès, *La Comédie-Française de 1680 à 1920*, p. 24. Avant la publication des *Commentaires* de Voltaire, la pièce avait été traduite en italien, en allemand, et en néerlandais.

[53]*Commentaires sur Corneille*, éd. D. Williams, 3e Partie, p. 1025.

[54]*Commentaires sur Corneille*, op. cit. pp. 1014, 1025. Même réquisitoire de la part de La Harpe en 1799 contre 'l'histoire... étrangement défigurée', et même conclusion: 'La pitié a donc fait réussir cet ouvrage, malgré les défauts du plan et la faiblesse du style; et rien ne prouve mieux combien ce ressort est puissant, puisque, même avec une exécution si médiocre il peut racheter tant de fautes' (*Cours de littérature ancienne et moderne*, Vol. VIII, pp. 150, 157).

[55]D'après Bossuet, dans son oraison funèbre de Louis II de Bourbon-Condé, le 'Grand Condé'.

illumine de grands pans d'histoire littéraire. Pour poser donc sans ambages la question: pourquoi (re)lire la pièce de Thomas Corneille?

Faire de la réclame pour *Le Comte d'Essex* n'est pas chose aisée. En tant que pièce de théâtre, la production déçoit. Il est évident que l'auteur connaît toutes les règles de l'art dramatique provenant de la *Poétique* d'Aristote et des commentateurs innombrables du philosophe grec, et qu'il est peu tenté de s'en écarter. Il a sauté sur le sujet classique, dans toute l'acception du terme, de la Tragédie: celui de l'Icare qui suscite crainte et pitié par sa chute. Il a découpé dans la vie fertile en aventures de son héros les moments de crise précurseurs de la mort que l'on devine au bout de la carrière mais qui se fait attendre pour mieux toucher le cœur des spectateurs. Il s'est borné à une intrigue sans complications, lui qui avait excellé dans des pièces précédentes à nouer et à dénouer de véritables imbroglios, et s'est concentré sur la peinture de fortes personnalités avec passions assorties. Il a répandu une couche d'ironie sur le tout (une orgueilleuse s'étonne qu'elle ne puisse dompter un orgueilleux; deux femmes aiment éperdument un homme qu'elles font souffrir et mourir) et l'a enveloppé dans le style noble obligatoire. Mais il y a loin de la recette à la réussite. Lorsqu'un lecteur regarde de près il s'aperçoit que Thomas Corneille a transgressé une règle élémentaire de la dramaturgie, qui est celle d'être clair et cohérent. Voltaire fut agacé, à juste titre, par l'espèce de brouillard qui entoure les actions et les mobiles des deux personnages principaux de la pièce. Essex a-t-il, oui ou non, formé le dessein de s'emparer du trône d'Angleterre? Lui et ses partisans s'étendent sur son innocence, mais il laisse tomber des propos dignes d'un ambitieux qui aurait supputé ses chances de remplacer sa souveraine (v. 563) et qui n'aurait pas hésité à s'unir à un allié suspect pour pouvoir balayer les résistances (v. 57-8). Sa conduite envers 'la belle Suffolc' conviendrait à l'égoïste qui ne s'embarrasse pas des moyens pourvu qu'il arrive à son but (v. 123-8). Son ami intime Salsbury parle à la reine des artifices de leurs ennemis communs (v. 885) mais il se montre disposé lui-même à altérer ou à taire la vérité (v. 865, 873). Il n'est donc pas un témoin à décharge tout à fait irrécusable, pas plus que la Duchesse d'Irton, qui a vertueusement trompé sa maîtresse royale. Si, en dépit de ces détails suggestifs, on rejette l'hypothèse d'un Comte intrigant et criminel, on est tout de même obligé d'admettre que le soin qu'apporte Thomas Corneille à purger son héros de tous péchés sauf ceux qui seraient véniels aux yeux des 'honnêtes gens' du XVIIᵉ siècle — c'est-à-dire l'emportement d'un amant passionné et l'intransigeance d'un homme d'honneur blessé dans ses sentiments — met la reine en fâcheuse posture. Elle déclare à tous moments qu'elle aime le

Comte, qu'elle ne lui survivrait pas s'il venait à mourir, qu'elle ne le laissera pas périr sur l'échafaud; mais chaque fois qu'on lui offre le moyen de sauver et la face et l'objet de ses vœux, en lui faisant comprendre qu'Essex a été victime d'un complot monté par des ennemis dont il importe de vérifier les dires et d'examiner les manœuvres, elle fait la sourde oreille. Elle finit par avoir l'air de vouloir contraindre Essex à implorer le pardon du crime de lèse-majesté interprétée abusivement comme le refus de tomber amoureux de son souverain. Alors, la sincérité du personnage est mise en question et sa crédibilité en pâtit.

Des imperfections dans la peinture des caractères auraient pu être compensées, ou masquées, par un style brillant. Pierre Corneille en avait exposé ingénument la théorie dans l'Examen de sa tragi-comédie discutée *Le Cid*:

> Aristote dit "qu'il y a des absurdités qu'il faut laisser dans un poème, quand on peut espérer qu'elles seront bien reçues; et il est du devoir du poète, en ce cas, de les couvrir de tant de brillants, qu'elles puissent éblouir".

La provision de 'brillants' stylistiques dont son puîné disposait était notoirement moins grande que la sienne et ne suffisait pas, on l'a vu, à bercer les oreilles de tous ceux qui assistèrent aux premières représentations du *Comte d'Essex*, encore moins à impressionner des critiques influents du siècle suivant. Nous ne savons pas quels vers furent désapprouvés dès le début, ni pour quelles raisons, hormis la 'négligence'. Thomas Corneille produisait régulièrement des ouvrages fort variés, ce qui devait limiter ses chances de pouvoir obéir au précepte salutaire formulé par Boileau: 'Vingt fois sur le métier remettez votre ouvrage' (*l'Art Poétique*, 1674, v. 172). Voltaire, dans son commentaire sur la pièce, a repris le refrain de la composition négligée, censurant surtout l'habitude déroutante qu'avait Thomas Corneille de ne pas achever ses phrases[56]. Son jugement d'ensemble, influencé par son admiration fervente pour la magie verbale de Racine, est dur: 'Quant au style, il est faible mais clair, et entièrement dans le genre médiocre'[57]. Difficilement peut-on contester cette opinion. Parfois Thomas Corneille a été heureusement inspiré, et Voltaire l'en a loué avec cet air engageant d'impartialité qu'il savait si bien prendre. Mais la plupart du temps on croit avoir affaire à un écrivain intelligent qui n'est pas un poète né. Il a un net penchant pour l'anaphore, ce qui mène à

---

[56]Voir la section 'Notes', plus loin, aux vers 33-4.
[57] *Commentaires sur Corneille*, op. cit., 3ᵉ Partie, p. 1006.

beaucoup de répétitions[58]. En plus il aime 'doubler' ses mots, sans que l'on arrive toujours à comprendre quelle nuance le deuxième terme ajoute au premier:

> Il faut à l'Univers qui me voit, me contemple, ... (v. 445)
> Je sentis, j'eus pour luy ... (v. 468)
> Que cette Elisabeth si hautaine, si fiere, ... (v. 602)
> Tout parloit, m'assuroit de son amour extréme; (v. 1041)
> Quoy que vous éprouviez que tout change, tout passe, ... (v. 1193)
> Tout m'apprend, me fait voir l'innocence du Comte,... (v. 1498).

Il y a des fois où les personnages qui parlent ainsi semblent bégayer au lieu d'articuler leurs phrases, et où le lecteur impatienté ne peut pas s'empêcher de conclure au remplissage tout pur. Le choix des images[59] et des 'sentences' (*sententiae*)[60], puisées dans le fonds commun, n'est pas apte à contrebalancer cette dernière impression.

Ce n'est donc pas un chef-d'œuvre méconnu que l'on peut se vanter d'avoir révélé. L'intérêt de la pièce doit être cherché du côté de l'histoire plutôt que de la 'littérature'. En prenant la matière de son drame dans la chronique du XVIe siècle, Thomas Corneille suivait un chemin peu fréquenté alors par les auteurs de tragédies qui se sentaient plus à l'aise dans les sentiers battus de l'histoire et de la légende anciennes. Il fallait une certaine hardiesse de la part d'un dramaturge pour s'exposer sur la scène publique à avoir sa fiabilité révoquée en doute par des gens qui se diraient plus instruits que lui sur la vérité d'événements récents auxquels ils avaient participé, eux ou leurs pères, des gens qui refuseraient de voir dans une tragédie autre chose qu'une tranche de vie, et qui formuleraient des

---

[58]Par exemple, v. 438-9, 746, 1310-1, 1399, 1425, 1434, 1533. L'impératif prend fréquemment cette forme: 'Laisse, laisse ma gloire...' (v. 849); 'Venez, venez, duchesse...' (v. 943); 'Venez, venez, madame' (v. 1272); 'Voyons, voyons, madame...' (v. 1363)... On mesure toute la distance qui sépare un Thomas Corneille d'un Racine lorsqu'on met les exemples qui viennent d'être cités à côté du passage célèbre où l'auteur d'*Andromaque* a abusé, lui aussi, de l'anaphore:
Dois-je les [les exploits d'Achille] oublier, s'il [Pyrrhus] ne s'en souvient plus?
Dois-je oublier Hector... [...]
Dois-je oublier mon père... [...]
Songe, songe, Céphise, à cette nuit cruelle
Qui fut pour tout un peuple une nuit éternelle; [...]
Songe aux cris des vainqueurs, songe aux cris des mourants... (v. 992 sq).
Mais qui douterait que ce procédé, tout répétitif et artificiel qu'il soit, ne convînt parfaitement ici à exprimer la façon dont les mauvais souvenirs déferlent inlassablement sur la rescapée du sac de Troie?
[59]Les images qui se font remarquer sont celles qui sont associées à l'orage (v. 252, 277, 310, 486, 535, 737, 757, 837, 901, 1131) et à la chute (v. 30, 156, 335, 522, 835).
[60]Mise à part la fameuse 'Le crime fait la honte, et non pas l'Echafaut' (v. 1216), les sentences dont la pièce est émaillée sont mémorables dans la mesure où il est facile de se les remémorer, mais pas autrement. Voir, par exemple, v. 403, 888, 1059, 1105, 1152.

objections contre tout changement fait aux données historiques pour des besoins purement esthétiques. Racine avait trouvé prudent de s'abriter derrière l'autorité d'un ambassadeur en Turquie lorsqu'il s'était risqué à placer un épisode de l'histoire turque du XVIe siècle au centre de sa tragédie *Bajazet* en 1672, tandis que Mme de Lafayette qui osa, dans l'intimité relative du roman, utiliser comme sujet l'histoire française de la Renaissance, prit néanmoins la précaution de publier sous l'anonymat son best-seller *La Princesse de Clèves* en mars 1678[61]. Thomas Corneille ne mettait, pour ainsi dire, que la Manche et quelques décennies entre lui et les spectateurs du *Comte d'Essex* et dut essuyer, selon le témoignage de son rival Boyer, les protestations d'Anglais qui ne crurent pas en avoir pour leur argent.

On voudrait en savoir plus long sur ces protestataires, leur nombre, leur rang social, s'ils étaient des expatriés, des représentants du gouvernement britannique, des touristes… Peut-être qu'on comprendrait mieux alors pourquoi, à ce moment précis de sa longue carrière de dramaturge, Thomas Corneille s'intéressa à l'histoire anglaise. On ne lui connaît aucun lien avec l'Angleterre, ni avec les habitants de cette île. *Le Comte d'Essex* représente sa seule incursion dramatique dans le pays des brumes. Et cependant il n'était pas homme à laisser passer une occasion de se servir de l'actualité: témoin sa comédie *La Devineresse*, coproduite en 1679 avec Jean Donneau de Visé pour essayer de dissiper l'atmosphère sulfureuse répandue autour des femmes criminelles impliquées dans la sordide Affaire des Poisons. Y a-t-il de pareils sous-entendus ou 'messages' dans le texte du *Comte d'Essex*? Disons tout de suite que s'il y en a, ils ne sont pas facilement repérables. Dans ses grandes lignes l'intrigue, qui tourne autour de l'exécution d'un favori inculpé d'avoir lésé sa souveraine et bienfaitrice, ressemble quelque peu à un événement qui avait fait scandale une vingtaine d'années auparavant. En novembre 1657 la reine Christine de Suède, qui s'était invitée à séjourner à la cour de France, y avait fait sommairement tuer son grand écuyer et favori Gian Rinaldo Monaldeschi, qu'elle accusa de l'avoir trahie. Mais la ressemblance ne va pas plus loin. La reine suédoise, contrairement à la reine anglaise dépeinte par Thomas Corneille (et par l'Histoire, d'ailleurs), s'était comportée en vraie barbare: quand la victime désignée avait demandé grâce à plusieurs reprises, elle n'avait fait que se moquer de sa peur et insister pour qu'il se confessât avant de mourir. Il n'y a pas lieu de

---

[61]On constate en passant que le libraire responsable de la parution de *La Princesse de Clèves*, Claude Barbin, paraît avoir été, en fait de publications, un 'seiziémiste'. Voir plus haut, p. XVII, et R. C. Williams, *Bibliography of the Seventeenth Century Novel in France*, pp. 205, 207.

croire que le dramaturge eût voulu perpétuer le souvenir d'une agresssion à coups d'épée qui avait gravement blessé les lois de l'hospitalité et profondément offensé le jeune Louis XIV et sa mère pieuse[62].

Voulut-il par hasard commenter dans sa pièce les rapports franco-britanniques, dire un mot de louange ou de blâme enveloppé à l'intention de Louis XIV et de son pensionnaire Charles II, comme La Fontaine le fit dans son septième livre des *Fables* qui parut en 1678[63]? La conjoncture politique s'y prêtait. Louis avait fort à faire avec Charles qui marchandait et sa coopération à la campagne française pour abattre les Hollandais et son retour au sein de l'Eglise Catholique. Ni la promesse de subventions colossales ni le don d'une jolie maîtresse bretonne[64] n'avaient empêché le roi anglais jouisseur et peu sûr de conclure la paix avec les Hollandais (1674) malgré le traité de Douvres (1671) qui l'allia à Louis, puis de rentrer secrètement dans l'alliance française (1676). Pour comble il venait de marier (novembre 1677) sa nièce Mary au chef nouvellement élu des Hollandais, Guillaume d'Orange, adversaire acharné de la France, sous prétexte de mieux cacher à ses sujets anti-papistes son dessein de se convertir. Autant de raisons pour inciter un auteur bon patriote, ou voulant le paraître, à glisser dans son œuvre au moins quelques allusions à la perfide Albion. Pierre Corneille, lui, ne s'en fit pas faute lorsqu'il mentionna dans des vers adressés 'Au Roi [Louis XIV] sur la paix [de Nimègue] de 1678' l'esprit rebelle qui avait gagné l'Angleterre[65]. Il n'est pas impossible que Pierre ait poussé Thomas du coude pour l'engager à mettre 'quelque chose d'anglais' sur la scène[66]. Ce qui est hors de doute, c'est que ni l'Angleterre ni sa souveraine ne sont maltraitées dans *Le Comte d'Essex* de janvier 1678[67]. Personne n'y est vilipendé sauf les Mauvais Conseillers/Ministres devenus des objets de censure trop banals dans la Tragédie en général pour qu'on puisse discerner derrière 'un Coban, un

---

[62]Mme de Motteville, *Mémoires*, éds J. F. Michaud et J. J. Poujoulat, pp. 461-2.

[63]Voir la fin de 'l'Animal dans la lune', VII, 18. Cf. aussi le commencement de la 4e fable du Livre VIII, 'Le pouvoir des fables'.

[64]Louise de Keroualle démontra la fausseté du proverbe qui dit qu'on ne peut servir deux maîtres à la fois, parce qu'elle contribuait à assouvir le formidable appétit sexuel de Charles en même temps qu'elle pourvoyait au besoin qu'avait Louis d'entretenir un agent tout proche du trône anglais. Les divers services de Louise lui valurent le titre de Duchess of Portsmouth en 1673.

[65]'Une ligue obstinée aux fureurs de la guerre/Mutinoit contre toi [Louis XIV] jusques à l'Angleterre'. *Œuvres Complètes*, éd. G. Couton, Vol. III, p. 1325).

[66]Surtout si l'on se range à l'avis de Georges Couton qui soutient que Corneille l'aîné s'était occupé de bonne heure des affaires des rois Stuart qui formaient la base de sa tragédie *Pertharite* (1652). Voir *Œuvres Complètes*, op. cit., Vol. II, pp. 1505-7; et par le même auteur, *Corneille et la Fronde*, pp. 91-8.

[67]Le vers 1372, 'Et mon ingrat Païs est indigne de moy', que prononce le Comte au moment d'être escorté à l'échafaud, ne doit pas être isolé de son contexte et considéré comme une accusation générale contre le pays en question. Cf. la citation parallèle de La Calprenède, au paragraphe suivant.

Raleg, un Cecile' (v. 58) le profil de quelque peste de cour, anglaise ou française, des années 70. Le Comte éponyme, favori et sujet puissant dont la velléité de révolte aurait été d'une brûlante actualité quelque trente ou quarante ans auparavant — lorsque Cinq-Mars eut la tête tranchée pour avoir trahi Louis XIII (1642), et les dynasties Stuart et Bourbon luttaient chacune de son côté pour survivre — parle de son chagrin d'amour et se laisse obligeamment éliminer sous la Restauration anglaise et le règne de Louis XIV vainqueur de la Fronde.

Ni pièce à clefs, paraît-il, ni pamphlet politique déguisé, *Le Comte d'Essex* apporte un témoignage, instructif pour l'historien des mœurs et mentalités, de la déformation presque inévitable que subissent les personnalités historiques de marque en traversant les époques et les pays. La légende avait trouvé dans les rapports entre Essex et Elisabeth un terrain de choix et sétait mise à y travailler bien avant que le théâtre français ne s'emparât du couple. Essex, fringant, fascinant et fauché, la prière aux lèvres, à 33 ans, l'âge des prédestinés, avait grossi dans l'imagination de la foule anglaise les rangs des martyrs. Par La Calprenède, le Comte fut déclaré mûr pour le Ciel:

> Ta belle âme fuyant de cette ingrate terre
> S'élève dans le Ciel, et quitte l'Angleterre (v. 1177-8).

Mais il gardait une aspérité de caractère et de langage qui faisait craindre une rencontre avec le Tout-Puissant et aurait été inadmissible quarante ans plus tard chez tout héros tragique qui comptait se faire apprécier par les spectatrices françaises. Dans la version de Thomas Corneille le fier-à-bras s'est adouci. On contemple en Essex le martyr de l'amour, un de ceux auxquels il sera beaucoup pardonné parce qu'ils ont beaucoup aimé[68]. Il fallait un peu plus d'effort pour faire basculer la salle en faveur d'Elisabeth qui avait, digne fille de Henry VIII, du sang sur les mains. Les sentiments d'horreur provoqués outre-Manche par le 'sororicide' commis en la personne de Marie, Reine d'Ecosse et de France, sentiments dont Antoine de Montchrestien s'était fait le porte-parole dans une tragédie vengeresse imprimée du vivant d'Elisabeth (*L'Ecossaise*, 1601), subsistent dans les

---

[68]Le Comte façonné par Boyer s'est assoupli, lui aussi. Pour sauver la vie à sa Clarence il se dit prêt à utiliser la bague qu'Elizabet lui a donnée (IV, 5) et à demander pardon à la reine, qui n'agrée pas pourtant son geste de suppliant:

    Aimes tu jusques-là celle qui m'a trahie?
    Tu ne ménages rien pour lui [à Clarence] sauver la vie.
    Ton orgueil qui pour elle enfin s'est dementy,
    A cet effort pour moy n'a jamais consenty (V, 4).

vers de La Calprenède[69] et dans ceux de son imitateur déclaré Claude Boyer[70]. Thomas Corneille préfère tirer le rideau sur le passé sanguinaire, ne garder de l'Elisabeth 'maudite' que l'orgueil, et employer cinq actes à le rendre excusable chez une reine qui doit comprendre douloureusement qu'elle peut commander à tout, sauf à la volonté de l'homme dont elle est éprise. Il réserva ainsi à ceux qui n'avaient pas 'mis en oubli/Par quelles cruautés son trône [fut] établi'[71], et s'attendaient à l'entrée en scène d'un monstre femelle, la surprise de se trouver en face d'une femme, et par surcroît, d'une femme déchirée.

Thomas Corneille avança assez loin dans la voie de l'embellissement des héros de tragédie conseillé par Aristote et exemplifié par La Calprenède. Suivant les jalons posés par celui-ci il transforma en amoureux passionnés un grand seigneur qui s'abaissa jusqu'à la félonie et une reine 'meurtrière' qui tirait gloire d'être qualifiée de Vierge. Ce faisant, il put être sûr de se faire applaudir par le XVIIe siècle qui se délectait d''Histoires Secrètes' où les passions et les faiblesses purement humaines qui étaient présumées avoir déterminé la politique d'illustres morts, anciens et modernes, furent mises à nu. Au XVIIIe siècle sa pièce eut ce qu'on peut appeler rétrospectivement le bonheur de tomber entre les mains de Voltaire qui, malgré la répugnance qu'il affichait devant les tragédies changées en romans d'amour et la critique sévère qu'il fit de cet insigne exemple du genre incriminé, la jugea digne d'être sauvée de l'oubli et la désigna de cette façon à l'attention d'autres hommes de lettres qui avaient intérêt à se réclamer du patriarche de Ferney. De nos jours c'est le plus souvent en se frayant un chemin à travers l'œuvre massif de ces hommes-ci ou encore en compulsant la riche documentation sur le règne d'Elisabeth 1ère, éternellement charismatique, qu'on tombe sur le titre du *Comte d'Essex*. La présente édition fournit l'occasion de se mettre en contact direct avec le reste du texte, dégagé de tels 'arcs-boutants' qui l'écrasent. Nous espérons

---

[69]V. 279-92, 1705-12.

[70] Je sens la pesanteur de ton bras tout puissant,
    Grand Dieu, la voix des pleurs et du sang innocent
    Qu'a versé si souvent ma noire politique,
    M'a fait le seul objet de la haine publique.
    Mon Thrône est assiegé de soubçons, de terreurs,
    De haine, digne prix de toutes mes fureurs.
    A cet affreux destin il faut que je réponde,
    Tout le monde me hait, haïssons tout le monde (IV, 3).

[71]*Cinna*, v. 87-8. En libérant d'avance Elisabeth du poids des excès du passé, Thomas Corneille s'est refusé l'occasion, que Pierre Corneille avait saisie en peignant Auguste, de montrer la pénible ascension morale de son chef d'Etat fictif.

qu'un ouvrage qui porte le nom d'un Corneille pourrait, après lecture, paraître assez solide pour se tenir debout tout seul.

LE TEXTE

Le texte de la pièce reproduit ici est celui de l'édition originale de 1678 que possède l'Université de Harvard (Houghton Library FC6 C8148 678c)[72]. La tâche de déchiffrer les abréviations (ã, ẽ, õ) et de distinguer entre *f* et *s*, *u* et *v*, a été épargnée au lecteur. Ces légères modifications à part, les alexandrins construits par Thomas Corneille sont présentés tels qu'ils sont sortis de chez l'imprimeur.

L'édition de 1678 a été confrontée à celle de 1692[73], dûment mise en valeur par les éditeurs modernes de Thomas Corneille parce que l'auteur vieillissant s'y était occupé à corriger et à rajeunir son style[74]. Les marques qu'a laissées ce travail de révision sont effectivement visibles. Presque toutes les abréviations ont disparu. L'emploi de lettres majuscules en tête de noms (Ame, Amour, Arrest, Bien, Bras, Exploits...) ou d'apostrophes (Cruel, Ingrat, Perfide...) est plus discret. L'orthographe a pris un aspect moins archaïque dans la mesure où les consonnes *f, l, p, t, r,* ont été doublées[75] et *i* commence à remplacer *y*[76]. Quant à la ponctuation, elle a subi un assez grand nombre de changements, faits, semble-t-il, en vue d'aérer le texte, d'y faire plus de pauses: d'où l'introduction de virgules supplémentaires, et la transformation de virgules et de points-virgules existants en points. Un échantillon de ce processus est donné à la page 38 de la présente édition.

Cependant, plus d'une retouche faite à la langue de la pièce a eu pour effet de la vieillir. C'est ainsi que 'l'Etat' (1678), par exemple, est devenu en 1692 'l'Estat' (v. 317); 'défendre' → 'deffendre' (v. 453, 1236); 'enchaîné' → 'enchaisné' (v. 809); 'perds' → 'pers' (v. 859); 'Plutôt' → 'Plustost' (v. 960); 'entraîne' → 'entraisne' (v. 1106); 'rends' → 'rens' (v. 1443); 'lâches' → 'lasches' (v. 1571). Des traits d'union sont arrivés à

---

[72]Il faut avertir les chercheurs non avertis que la copie de l'édition originale qui se trouve à l'Arsenal (Rf. 2751) a été amputée de la dernière scène. Cette mutilation, à ce qu'on nous assure, sera désormais mentionnée dans le catalogue de la bibliothèque.

[73]*Poèmes dramatiques de T. Corneille*, Paris, Pierre Trabouïllet, 1692, 5 Vol., 5ᵉ Partie.

[74]Selon le *Mercure Galant*, janvier 1692, pp. 172-3.

[75]raport → rapport; afreux → affreux; falu → fallu; abatre → abattre; poura → pourra; quiter → quitter, etc.

[76]Reyne → Reine; Roys → Rois; mourray → mourrai, etc.

l'improviste[77]. Bien des accents ont été supprimés, non seulement ceux qu'on jugerait incorrects aujourd'hui comme l'accent circonflexe sur 'toûjours' ou le tréma sur 'Oüy', mais d'autres qu'on estimerait indispensables, surtout l'accent aigu[78].

Revu et corrigé, le texte de 1692 garde quand même l'empreinte d'une époque révolue.

---

[77]'bonnes graces' → 'bonnes-graces' (Au Lecteur); 'longtemps' → 'long-temps' (v. 694, 1242); 'bientost' → 'bien-tost' (v. 1166, 1478); 'Un long temps' → 'Un long-temps' (v. 1176);'malheur' → 'mal-heur' (v. 1230); 'bonheur' → 'bon-heur' (v. 1248, 1282); 'aussitost' → 'aussi-tost' (v. 1555).

[78]Environ 84 mots ont perdu l'accent aigu s'il n'était pas placé sur l'*e* final. Par exemple: 'ménagé' → 'menagé' (v. 48); 'séduisent' → 'seduisent' (v. 61); 'irréparable' → 'irreparable' (v. 70); 'réduit(e)' → 'reduit(e)' (v. 87, 327, 350); 'préparoit' → 'preparoit' (v. 94); 'mérité' → merité (v. 113); 'teméraire'/'témeraire' → 'temeraire' (v. 494, 834, 997, 1425). En revanche, cet accent est venu surmonter régulièrement le mot ou la syllabe 'pres': 'pres' → 'prés' (v. 1450); 'aupres' → 'auprés' (v. 422); 'apres' → 'aprés' (Au Lecteur, v. 95, 111, 337, 391, 435, 698, 747, 873, 1191, 1223, 1500, 1531, 1591). Une exception: 'aupres' → 'auprès', v. 292.

BIBLIOGRAPHIE

ASCOLI Georges, *La Grande-Bretagne devant l'opinion française au XVIIᵉ siècle*, Genève, Slatkine, 2 vol., 1971.

AUBIGNAC (François Hédelin) abbé d', *Dissertations contre Corneille*, éds Nicholas Hammond et Michael Hawcroft, Exeter, University of Exeter Press, 1995.

AUBIGNAC (François Hédelin) abbé d', *La Pratique du théâtre*, éd. Pierre Martino, Alger, Carbonel, 1927.

BACON Francis, *Works*, London, W. Baynes and Son, 10 vol., 1824. Vol. III: *A declaration of the practices and treasons attempted and committed by Robert earl of Essex*, pp. 136-179.

BAUDIN, Maurice, 'Le Visage humain dans la tragédie de La Calprenède', *Modern Language Notes*, février 1930.

BOYER Claude, *Le Comte d'Essex*, Paris, Charles Osmont, 1678.

BUSSY (Roger de Rabutin Chantal) comte de, *Mémoires*, éd. Ludovic Lalanne, Paris, Flammarion, 2 vol., 1882.

CAMDEN William, *Annales rerum Anglicarum et Hibernicarum regnante Elizabetha*, éd. Tho. Hearnius, 3 vol., 1717, s. l.

COLLINS David, *Thomas Corneille Protean Dramatist*, La Haye, Mouton, 1966.

Commentaires sur les Remarques de Vaugelas, éd. Jeanne Streicher, Genève, Slatkine, 2 vol., 1970.

CORNEILLE Pierre, *Œuvres Complètes*, éd. Georges Couton, Paris, Gallimard, 3 vol., 1980-87. Vol. III: *Discours de la tragédie*, pp. 142-173.

COUTON, Georges, *Corneille et la Fronde*, Clermont-Ferrand, 1951.

Dictionnaire de l'Académie Françoise, Paris, Coignard, 2 vol., 1694.

DORAN Susan, *Monarchy and Matrimony. The Courtships of Elizabeth I*, London and New York, Routledge, 1996.

FURETIERE Antoine, *Dictionnaire universel*, La Haye et Rotterdam, Leers, 3 vol., 1690.

GOSSIP Christopher, 'Vers une chronologie des pièces de Thomas Corneille', *Revue d'histoire littéraire de la France*, juillet-août et novembre-décembre 1974.

HILL L. Alfreda, *The Tudors in French Drama*, Baltimore, 1932.

JOANNIDES A., *La Comédie-Française de 1680 à 1920*, Paris, Plon, 1921.

LA CALPRENEDE Gautier de Costes de, *Le Comte d'Essex*. Voir *Théâtre du XVIIᵉ siècle*.

LACEY Robert, *Robert Earl of Essex*, London, Weidenfield and Nicolson, 1971.

LA HARPE Jean François de, *Cours de littérature ancienne et moderne*, Paris, Ledentu et Dupont, 18 vol., 1826, 1825, 1826.

LA MESNARDIERE Jules de, *La Poëtique*, Paris, Sommaville, 1640.

LANCASTER Henry Carrington, *The Comédie Française 1680-1701*, Baltimore, 1941.

LANCASTER Henry Carrington, *The Comédie Française 1701-1774*, Philadelphia, 1951.

LANCASTER Henry Carrington, 'La Calprenède Dramatist', *Modern Philology*, juillet et novembre 1920.

LANCASTER Henry Carrington, *A History of French Dramatic Literature in the Seventeenth Century*, Baltimore, 9 vol., 1929-42.

LANCASTER Henry Carrington, *Le Mémoire de Mahelot, Laurent, et d'autres décorateurs*, Paris, Champion, 1920.

LA ROCHEFOUCAULD (François VI) duc de, *Maximes*, éd. Jacques Truchet, Paris, Garnier, 1967.

LE BRET Cardin, *De la souveraineté du roy*, Paris, Quesnel, 1632.

Le Comte d'Essex, histoire angloise, Paris, Claude Barbin, 1678.

LESSING Gotthold, *Hamburgische Dramaturgie*, éd. Otto Mann, Stuttgart, Alfred Kröner, 1958.

L'ESTOILE Pierre de, *Registre-Journal de Henri III*, éds J. F. Michaud et J. J. Poujoulat, *Nouvelle Collection des Mémoires pour servir à l'histoire de France depuis le XIIIᵉ siècle jusqu'à la fin du XVIIIᵉ*, Paris, 32 vol., 1836-9, 2ᵉ Sér., Vol. I.

Mercure Galant, Paris, G. de Luyne et al.,1692.

MONTAIGNE Michel de, *Essais*, éd. Maurice Rat, Paris, Garnier, 2 vol., 1962.

MOTTEVILLE, Françoise Bertaut de, *Mémoires*, éds J. F. Michaud et J. J. Poujoulat, *Nouvelle Collection des Mémoires pour servir à l'histoire de France depuis le XIIIᵉ siècle jusqu'à la fin du XVIIIᵉ*, Paris, 32 vol., 1836-9, 2ᵉ Sér., Vol. X.

PALMA CAYET Pierre-Victor, *Chronologie novenaire* et *Chronologie septenaire*, éds J. F. Michaud et J. J. Poujoulat, *Nouvelle Collection des Mémoires pour servir à l'histoire de France depuis le XIIIᵉ siècle jusqu'à la fin du XVIIIᵉ*, Paris, 32 vol., 1836-9, 1ère Sér., Vol. XII.

PARFAICT Claude et François, *Histoire du théâtre françois*, Paris, Le Mercier et Saillant, 14 vol., 1745-8.

RAPIN René, *Réflexions sur la Poétique*, éd. E. T. Dubois, Genève, Droz, 1970.

Recueil de pièces galantes en prose et en vers, de Mme la comtesse de la Suze, et de M. Pelisson, Trévoux, 5 vol., 1748.

Le Registre de La Grange, éds B. E. et G. P. Young, Paris, Droz, 2 vol., 1947.

REYNIER Gustave, *Thomas Corneille, sa vie et son théâtre,* Paris, Hachette, 1892.

RICHELET César Pierre, *Dictionnaire françois,* Tokyo, France Tosho Reprints, 1969.

SMITH, Sir Thomas, *De Republica Anglorum,* éd. Mary Dewar, Cambridge, Cambridge University Press, 1982.

SOREL Charles, *De la connoissance des bons livres,* Genève, Slatkine, 1981.

TALLEMANT DES REAUX Gédéon, *Les Historiettes,* éd. Antoine Adam, Paris, Gallimard, 2 vol., 1960-61.

Théâtre du XVIIe siècle, Paris, Gallimard, 3 vol., 1975-1992. Vol. II, éds Jacques Scherer et Jacques Truchet, 1986, contient *Le Comte d'Essex* de La Calprenède et l'*Ariane* de Thomas Corneille.

THOU Jacques-Auguste de, *Histoire universelle,* Londres, 16 vol., 1734.

THUAU Etienne, *Raison d'Etat et pensée politique à l'époque de Richelieu,* Paris, Colin, 1966.

VAUGELAS Claude Favre de, *Remarques sur la langue françoise,* éd. Jeanne Streicher, Paris, Droz, 1934.

VOLTAIRE, *Commentaires sur Corneille,* éd. David Williams, *The Complete Works of Voltaire,* Banbury, The Voltaire Foundation, Vol. 55, 1975.

VOLTAIRE, *Lettres Philosophiques,* éd. Gustave Lanson, Paris, Hachette, 2e éd., 2 vol., 1915-1917.

WILLIAMS, Ralph Coplestone, *Bibliography of the Seventeenth Century Novel in France,* London, Holland Press, 1964.

LE COMTE
D'ESSEX,

TRAGEDIE.

Par T. CORNEILLE.

A PARIS,
Au Palais, Dans la Salle Royale,
à l'Image Saint Loüis.

———————————————

M. DC. LXXVIII.

AVEC PRIVILEGE DU ROY.

AU LECTEUR.

Il y a trente ou quarante ans que feu Monsieur de la Calprenede traita le Sujet du Comte d'Essex, et le traita avec beaucoup de succés. Ce que je me suis hazardé à faire apres luy, semble n'avoir point déplû, et la matiere est si heureuse par la Pitié qui en est inseparable*, qu'elle
5   n'a pas laissé examiner mes fautes avec toute la severité que j'avois à craindre. Il est certain que le Comte d'Essex eut grande part aux bonnes graces d'Elisabeth. Il estoit naturellement ambitieux. Les services qu'il avoit rendus à l'Angleterre, luy enflerent le courage. Ses Ennemis l'accuserent d'intelligence avec le Comte de Tiron, que les
10   Rebelles d'Irlande avoient pris pour Chef. Les soupçons qu'on en eut, luy firent oster le Commandement de l'Armée. Ce changement le piqua. Il vint à Londres, revolta le Peuple, fut pris, condamné, et ayant toûjours refusé de demander grace, il eut la teste coupée le 25 de Fevrier 1601. Voila ce que l'Histoire m'a fourny. J'ay esté surpris
15   qu'on m'ait imputé de l'avoir falsifiée, parce que je ne me suis point servy de l'incident d'une Bague* qu'on prétend que la Reyne avoit donnée au Comte d'Essex pour gage d'un pardon certain, quelque crime qu'il pust jamais commettre contre l'Etat, mais je suis persuadé que cette Bague est de l'invention de Monsieur de la Calprenede*, du
20   moins je n'en ay rien leu dans aucun Historien. Camdenus qui a fait un gros Volume de la seule Vie d'Elisabeth, n'en parle point, et c'est une particularité que je me serois crû en pouvoir de suprimer, quand mesme je l'aurois trouvée dans son Histoire*.

---

* Renvoie aux Notes, p. 73

Extrait du Privilege du Roy.

Par Grace et Privilege du Roy donné à Paris le 8. jour de Fevrier 1678. Signé, Par le Roy en son Conseil, D'ALENCE', Il est permis à T. CORNEILLE Ecuyer, Sieur de Lisle, de faire imprimer, vendre et debiter par tel Imprimeur ou Libraire qu'il voudra choisir, une Piece de Theatre de sa composition, intitulée *Le Comte d'Essex,* pendant le temps et espace de six années, à commencer du jour qu'elle sera achevée d'imprimer pour la premiere fois; avec defense à toutes Personnes, de quelque qualité et condition qu'elles soient, de l'imprimer, faire imprimer, vendre et distribuer en tous les Lieux de nostre Royaume, et Terres qui sont de nostre obeïssance, d'autre Edition que de celle dudit Sieur Corneille, ou de ceux qui auront droit de luy, à peine de trois mille livres d'amende, payable sans déport par chacun des Contrevenans, confiscation des Exemplaires contrefaits, et autres peines plus au long contenuës dans lesdites Lettres.

Registré sur le Livre de la Communauté des Libraires et Imprimeurs.
E. COUTEROT, Syndic.

Achevé d'imprimer pour la premiere fois
le 17. Fevrier 1678.

ACTEURS

ELISABETH,	*Reyne d'Angleterre.*
LA DUCHESSE D'IRTON,	*aimée du Comte d'Essex.*
LE COMTE D'ESSEX.	
CECILE,	*Ennemy du Comte d'Essex.*
LE COMTE DE SALSBURY,	*Amy du Comte d'Essex.*
TILNEY,	*Confidente d'Elisabeth.*
CROMMER,	*Capitaine des Gardes de la Reyne.*
SUITE.	

La Scene est à Londres.

[p. 1]

LE COMTE
D'ESSEX,

TRAGEDIE.

ACTE PREMIER.

SCENE PREMIERE.

LE COMTE D'ESSEX, LE COMTE
DE SALSBURY.

LE COMTE D'ESSEX.

Non, mon cher Salsbury, vous n'avez rien à craindre,
Quel que soit son couroux, l'Amour sçaura l'éteindre;
Et dans l'état funeste où m'a plongé le Sort,
Je suis trop malheureux pour obtenir la mort.
5   Non qu'il ne me soit dur qu'on permette à l'Envie
D'attaquer lâchement la gloire de ma vie.
Un Homme tel que moy, sur l'appuy de son nom, [p. 2]
Devroit comme du crime estre exempt du soupçon;
Mais enfin cent Exploits et sur Mer et sur Terre,
10   M'ont fait connoistre assez à toute l'Angleterre,
Et j'ay trop bien servy, pour pouvoir redouter
Ce que mes Ennemis ont osé m'imputer.
Ainsi quand l'imposture auroit surpris la Reyne,
L'interest de l'Etat rend ma grace certaine,
15   Et l'on ne sçait que trop par ce qu'a fait mon Bras,
Que qui perd mes Pareils, ne les recouvre pas.

SALSBURY.

Je sçay ce que de vous par plus d'une victoire
L'Angleterre a reçeu de surcroist à sa gloire;

Vos services sont grands, et jamais Potentat
20   N'a sur un Bras plus ferme appuyé son Etat.
Mais malgré vos Exploits, vostre haute vaillance,[1]
Ne vous aveuglez point sur trop de confiance.
Plus la Reyne au mérite égalant ses bienfaits,
Vous a mis en état de ne tomber jamais,
25   Plus vous devez trembler que trop d'orgueil n'éteigne
Un amour qu'avec honte elle voit qu'on dédaigne.
Pour voir vostre faveur tout-à-coup expirer,
La Main qui vous soûtient n'a qu'à se retirer.
Et quelle seûreté le plus rare service
30   Donne-t-il à qui marche au bord du précipice?
Un faux pas y fait choir; mille fameux revers
D'exemples étonnans ont remply l'Univers.
Soufrez à l'amitié qui nous unit ensemble…

LE COMTE.

Tout a tremblé sous moy, vous voulez que je tremble.
35   L'Imposture m'attaque, il est vray, mais ce Bras   [p. 3]
Rend l'Angleterre à craindre aux plus puissans Etats.
Il a tout fait pour elle, et j'ay sujet de croire
Que la longue faveur où m'a mis tant de gloire,
De mes vils Ennemis viendra sans peine à bout.
40   Elle me couste assez pour en attendre tout.

SALSBURY.

L'Etat fleurit par vous, par vous on le redoute;
Mais enfin quelque sang que sa gloire vous couste,
Comme un Sujet doit tout, s'il s'oublie une fois,
On regarde son crime, et non pas ses Exploits.
45   On veut que vos Amis, par de sourdes intrigues,
Se soient meslez pour vous de Cabales, de Ligues,
Qu'au Comte de Tyron ayant souvent écrit,
Vous ayez ménagé ce dangereux Esprit,
Et qu'avec l'Irlandois appuyant sa querelle,
50   Vous preniez le party de ce Peuple rebelle.

---

[1]Var: 21 Mais malgré vos exploits, malgré vostre vaillance,

On produit des Témoins, et l'indice est puissant.

LE COMTE.

Et que peut leur raport quand on est innocent?[2]
Le Comte de Tyron que la Reyne appréhende,
Voudroit rentrer en grace, y remettre l'Irlande,
55   Et je croirois servir l'Etat plus que jamais,
Si mon avis suivy pouvoit faire sa paix.
Comme il hait les Méchans, il me seroit utile
A chasser un Coban, un Raleg, un Cecile,
Un tas d'Hommes sans nom, qui lâchement flateurs,
60   Des desordres publics font gloire d'estre auteurs.
Par eux tout périra; la Reyne qu'ils séduisent,
Ne veut pas que contre eux les Gens de bien l'instruisent.
Maistres de son esprit, ils luy font approuver   [p. 4]
Tout ce qui peut servir à les mieux élever.
65   Leur grandeur se formant par la chûte des autres…

SALSBURY.

Ils ont leurs interests, ne parlons que des vostres.
Depuis quatre ou cinq jours sur quels justes projets
Avez-vous de la Reyne assiegé le Palais,
Lors que le Duc l'Irton épousant Henriete…

LE COMTE.

70   Ah faute irréparable, et que trop tard j'ay faite!
Au lieu d'un Peuple lâche et prompt à s'étonner,
Que n'ay-je eu pour secours une Armée à mener!
Par le fer, par le feu, par tout ce qui peut estre,
J'aurois de ce Palais voulu me rendre maistre.
75   C'en est fait, Biens, Trésors, Rang, Dignitez, Employ,
Ce dessein m'a manqué, tout est perdu pour moy.

---

[2]Var: 52 Et que peut leur rapport si je suis innocent?

SALSBURY.

Que m'apprend ce transport?

LE COMTE.

                              Qu'une flame secrete
Unissoit mon destin à celuy d'Henriete,
Et que de mon amour son jeune coeur charmé
80   Ne me déguisoit pas que j'en estois aimé.

SALSBURY.

Le Duc d'Irton l'épouse, elle vous abandonne,
Et vous pouvez penser…

LE COMTE.   [p. 5]

                              Son hymen vous étonne;
Mais enfin apprenez par quels motifs secrets
Elle s'est immolée à mes seuls interests.
85   Confidente à la fois, et Fille de la Reyne,
Elle avoit sçeu vers moy le panchant qui l'entraîne.
Pour elle chaque jour réduite à me parler,
Elle a voulu me vaincre, et n'a pû m'ébranler;
Et voyant son amour où j'estois trop sensible
90   Me donner pour la Reyne un dédain invincible,
Pour m'en oster la cause en m'ostant tout espoir,
Elle s'est mariée… Et qui l'eust pû prévoir?
Sans cesse en condamnant mes froideurs pour la Reyne,
Elle me préparoit à cette afreuse peine;
95   Mais apres la menace, un tendre et prompt retour
Me mettoit en repos sur la foy de l'Amour.
Enfin par mon absence à me perdre enhardie,
Elle a contre elle-mesme usé de perfidie.
Elle m'aimoit sans-doute, et n'a donné sa foy
100   Qu'en m'arrachant un coeur qui devoit estre à moy.
A ce funeste avis quelles rudes alarmes!
Pour rompre son hymen j'ay fait prendre les armes,
En tumulte au Palais je suis viste accouru,

Dans toute sa fureur mon transport a paru,
105   J'allois sauver un Bien qu'on m'ostoit par surprise,
Mais averty trop tard, j'ay manqué l'entreprise.
Le Duc, unique Objet de ce transport jaloux,
De l'aimable Henriete estoit déja l'Epoux.
Si j'ay trop éclaté, si l'on m'en fait un crime,
110   Je mourray de l'Amour innocente victime,
Malheureux de sçavoir qu'apres ce vain effort
Le Duc toûjours heureux joüira de ma mort.

SALSBURY.   [p. 6]

Cette jeune Duchesse a mérité sans-doute
Les cruels déplaisirs que sa perte vous couste;
115   Mais dans l'heureux succés que vos soins avoient eu,
Aimé d'elle en secret, pourquoy vous estre teu?
La Reyne dont pour vous la tendresse infinie
Prévient jusqu'aux souhaits…

LE COMTE.

                    C'est là sa tyrannie.
Et que me sert, helas, cet excés de faveur
120   Qui ne me laisse pas disposer de mon coeur?
Toûjours trop aimé d'elle, il m'a falu contraindre
Cet amour qu'Henriete eut beau vouloir éteindre.
Pour ne hazarder pas un Objet si charmant,
De la Soeur de Suffolc je me feignis Amant.
125   Soudain son implacable et jalouse colere
Eloigna de mes yeux et la Soeur et le Frere.
Tous deux, quoy que sans crime, exilez de la Cour,
M'aprirent encor mieux à cacher mon amour.
Vous en voyez la suite, et mon malheur extréme!
130   Quel suplice! un Rival possede ce que j'aime!
L'Ingrate au Duc d'Irton a pû se marier!
Ah Ciel!

SALSBURY.

Elle est coupable, il la faut oublier.

LE COMTE.

L'oublier! et ce coeur en deviendroit capable?
Ah non, non, voyons-la cette belle Coupable,
135   Je l'attens en ce lieu. Depuis le triste jour   [p. 7]
Que son funeste hymen a trahy mon amour,
N'ayant pû luy parler, je viens enfin luy dire…

SALSBURY.

La voicy qui paroist, adieu, je me retire.
Quoy que vous attendiez d'un si cher entretien,
140   Songez qu'on veut vous perdre, et ne négligez rien .

* * *

SCENE II.

LA DUCHESSE, LE COMTE.

LA DUCHESSE.

J'ay causé vos malheurs, et le trouble où vous estes
M'aprend de mon hymen les plaintes que vous faites,
Je me les fais pour vous, vous m'aimiez, et jamais
Un si beau feu n'eut droit de remplir mes souhaits.
145   Tout ce que peut l'Amour avoir de fort, de tendre,
Je l'ay veu dans les soins qu'il vous a fait me rendre,
Vostre coeur tout à moy méritoit que le mien
Du plaisir d'estre à vous fist son unique bien.
C'est à quoy son panchant l'auroit porté sans peine,
150   Mais vous vous estes fait trop aimer de la Reyne;
Tant de biens répandus sur vous jusqu'à ce jour,
Payant ce qu'on vous doit, déclarent son amour.
Cet amour est jaloux, qui le blesse est coupable,
C'est un crime qui rend sa perte inévitable,
155   La vostre auroit suivy; trop aveugle pour moy,
Du précipice ouvert vous n'aviez point d'effroy.
Il a falu prester une aide à la foiblesse   [p. 8]

Qui de vos sens charmez se rendoit la maistresse;
Tant que vous m'eussiez veuë en pouvoir d'estre à vous,
160 Vous auriez dédaigné ce qu'eust pû son couroux;
Mille Ennemis secrets qui cherchent à vous nuire,
Attaquant vostre gloire, auroient pû vous détruire,
Et d'un crime d'amour leur indigne attentat
Vous eust dans son esprit fait un crime d'Etat.
165 Pour oster contre vous tout prétexte à l'Envie,
J'ay deû vous immoler le repos de ma vie.
A vostre seûreté mon hymen importoit,
Il falloit vous trahir, mon coeur y resistoit,
J'ay déchiré ce coeur afin de l'y contraindre,
170 Plaignez-vous là-dessus, si vous osez vous plaindre.

LE COMTE.

Oüy, je me plains, Madame, et vous croyez en vain
Pouvoir justifier ce barbare dessein.
Si vous m'aviez aimé, vous auriez par vous-mesme
Connu que l'on perd tout quand on perd ce qu'on aime,
175 Et que l'afreux suplice où vous me condamniez
Surpassoit tous les maux dont vous vous étonniez.
Vostre dure pitié par le coup qui m'accable,
Pour craindre un faux malheur, m'en fait un veritable.
Et que me peut servir le destin le plus doux?
180 Avois-je à souhaiter un autre Bien que vous?
Je méritois peut-estre, en dépit de la Reyne,
Qu'à me le conserver vous prissiez quelque peine.
Une autre eust refusé d'immoler un Amant,
Vous avez crû devoir en user autrement,
185 Mon coeur veut revérer la main qui le déchire;
Mais encor une fois j'oseray vous le dire,
Pour moy contre ce coeur vostre Bras s'est armé,
Vous ne l'auriez pas fait, si vous m'aviez aimé.

LA DUCHESSE. [p. 9]

Ah Comte, plust au Ciel, pour finir mon suplice,
190 Qu'un semblable reproche eust un peu de justice!
Je ne sentirois pas avec tant de rigueur

Tout mon repos ceder aux troubles de mon coeur;
Pour vous au plus haut point ma flame estoit montée,
Je n'en dois point rougir, vous l'aviez meritée,
195   Et le Comte d'Essex si grand, si renommé,
M'aimant avec excés, pouvoit bien estre aimé.
C'est dire peu, j'ay beau n'estre plus à moy-mesme,
Avec la mesme ardeur je sens que je vous aime,
Et que le changement où m'engage un Epoux,
200   Malgré ce que je dois, ne peut rien contre vous.
Jugez combien mon sort est plus dur que le vostre,
Vous n'estes point forcé de bruler pour une autre,
Et quand vous me perdez, si c'est perdre un grand Bien,
Du moins, en m'oubliant, vous pouvez n'aimer rien.
205   Mais c'est peu que mon coeur dans ma disgrace extréme
Pour suivre son devoir, s'arrache à ce qu'il aime,
Il faut, par un effort pire que le trépas,
Qu'il tâche à se donner à ce qu'il n'aime pas.
Si la necessité de vaincre pour ma gloire
210   Vous fait voir quels combats doit couster la victoire,
Si vous en concevez la fatale rigueur,
Ne m'ostez pas le fruit des peines de mon coeur.
C'est pour vous conserver les bontez de la Reyne,
Que j'ay voulu me rendre à moy-mesme inhumaine;
215   De son amour pour vous elle m'a fait témoin,
Ménagez-en l'appuy, vous en avez besoin.
Pour noircir, abaisser vos plus rares services,
Aux traits de l'imposture on joint mille artifices,
Et l'honneur vous engage à ne rien oublier
220   Pour repousser l'outrage, et vous justifier.

LE COMTE. [p. 10]

Et me justifier? moy? ma seule innocence
Contre mes Envieux doit prendre ma defense,
D'elle-mesme on verra l'imposture avorter,
Et je me ferois tort, si j'en pouvois douter.

LA DUCHESSE.

225   Vous estes grand, fameux, et jamais la victoire

N'a d'un Sujet illustre assuré mieux la gloire.
Mais plus dans un haut rang la faveur vous a mis,
Plus la crainte de choir vous doit rendre soûmis.
Outre qu'avec l'Irlande on vous croit des pratiques,
230   Vous estes accusé de révoltes publiques.
Avoir à main armée investy le Palais…

LE COMTE.

O malheur pour l'Amour à n'oublier jamais!
. Vous épousez le Duc, je l'apprens, et ma flame
Ne peut vous empescher de devenir sa Femme.
235   Que ne sçeus-je plutost que vous m'alliez trahir!
En vain on vous auroit ordonné d'obeïr,
J'aurois… mais ç'en est fait. Quoy que la Reyne pense,
Je tairay les raisons de cette violence.
De mon amour pour vous le mystere éclaircy,
240   Pour combler mes malheurs, vous banniroit d'icy.

LA DUCHESSE.

Mais vous ne songez pas que la Reyne soupçonne
Qu'un complot si hardy regardoit sa Couronne.
Des Témoins contre vous en secret écoutez,   [p. 11]
Font pour vrais attentats passer des faussetez,
245   Raleg prend leur raport, et le lâche Cecile…

LE COMTE.

L'un et l'autre eut toûjours l'ame basse, servile,
Mais leur malice en vain conspire mon trépas,
La Reyne me connoit, et ne les croira pas.

LA DUCHESSE.

Ne vous y fiez point; de vos froideurs pour elle
250   Le chagrin luy tient lieu d'une injure mortelle.
C'est par son ordre exprés qu'on s'informe, s'instruit…

LE COMTE.

L'orage, quel qu'il soit, ne fera que du bruit,
La menace en est vaine, et trouble peu mon ame.

LA DUCHESSE.

Et si l'on vous arreste?

LE COMTE.

On n'oseroit, Madame.
255   Si l'on avoit tenté ce dangereux êclat,
Le coup qui le peut suivre entraîneroit l'Etat.

LA DUCHESSE.

Quoy que vostre personne à la Reyne soit chere,
Gardez en la bravant d'augmenter sa colere,
Elle veut vous parler, et si vous l'irritez,   [p. 12]
260   Je ne vous répons pas de toutes ses bontez.
C'est pour vous avertir de ce qu'il vous faut craindre,
Qu'à ce triste entretien j'ay voulu me contraindre.
Du trouble de mes sens mon devoir alarmé
Me défend de revoir ce que j'ay trop aimé;
265   Mais m'estant fait déja l'effort le plus funeste,
Pour conserver vos jours je dois faire le reste,
Et ne permettre pas…

LE COMTE.

Ah pour les conserver
Il estoit un moyen plus facile à trouver.
C'estoit en m'épargnant l'effroyable suplice
270   Où vous prévoyiez… Ciel! quelle est vostre injustice!
Vous redoutez ma perte, et ne la craigniez pas,
Quand vous avez signé l'Arrest de mon trépas.
Cet Amour où mon coeur tout entier s'abandonne…

LA DUCHESSE.

Comte, n'y pensez plus, ma gloire vous l'ordonne,
275   Le refus d'un hymen par la Reyne arresté
Eust de nostre secret trahy la seûreté.
L'orage est violent; pour calmer sa furie,
Contraignez ce grand coeur, c'est moy qui vous en prie;
Et quand le mien pour vous soûpire encor tout bas,
280   Souvenez-vous de moy, mais ne me voyez pas.
Un panchant si flateur… Adieu, je m'embarasse,
Et Cecile qui vient me fait quiter la place.

* * *

SCENE III.   [p. 13]

LE COMTE D'ESSEX, CECILE.

CECILE.

La Reyne m'a chargé de vous faire sçavoir
Que vous vous teniez prest dans une heure à la voir.
285   Comme vostre conduite a pû luy faire naistre
Quelques legers soupçons que vous devez connoistre,
C'est à vous de penser aux moyens d'obtenir
Que son coeur alarmé consente à les bannir,
Et je ne doute point qu'il ne vous soit facile
290   De rendre à son esprit une assiete tranquille.
Sur quelque impression qu'il ait pû s'émouvoir,
L'innocence aupres d'elle eut toûjours tout pouvoir.
Je n'ay pû refuser cet avis à l'estime
Que j'ay pour un Héros qui doit haïr le crime,
295   Et me tiendrois heureux que sa sincerité
Contre vos Ennemis fist vostre seûreté.

LE COMTE.

Ce zele me surprend, il est et noble et rare,

Et comme à m'accabler peut-estre on se prépare,
Je voy qu'en mon malheur il doit m'estre bien doux
300 De pouvoir esperer un Juge tel que vous,
J'en connois la vertu. Mais achevez, de grace,
Vous devez estre instruit de tout ce qui se passe.
Ma haine à vos Amis estant à redouter,
Quels crimes pour me perdre osent-ils inventer?
305 Et prest d'estre accusé, sur quelles impostures   [p. 14]
Ay-je pour y répondre à prendre des mesures?
Rien ne vous est caché, parlez, je suis discret,
Et j'ay quelque interest à garder le secret.

CECILE.

C'est reconnoistre mal le zele qui m'engage
310 A vous donner avis de prévenir l'orage.
Si l'orgueil qui vous porte à des projets trop hauts,
Fait parmy vos vertus connoistre des defauts,
Ceux qui pour l'Angleterre en redoutent la suite,
Ont droit de condamner vostre aveugle conduite.
315 Quoy que leur sentiment soit diférent du mien,
Ce sont Gens sans reproche, et qui ne craignent rien.

LE COMTE.

Ces Zélez pour l'Etat ont merité sans-doute
Que sans mal juger d'eux la Reyne les écoute;
J'y croy de la justice, et qu'enfin il en est
320 Qui parlant contre moy, parlent sans interest.
Mais Raleg, mais Coban, mais vous-mesme peut-estre
Vous en avez beaucoup à me déclarer traistre.
Tant qu'on me laissera dans le Poste où je suis,
Vos avares desseins seront toûjours détruits.
325 Je vous empescheray d'augmenter vos fortunes
Par le redoublement des miseres communes,
Et le Peuple réduit à gémir, endurer,
Trouvera malgré vous peut-estre à respirer.

CECILE.

Ce que ces derniers jours nous vous avons veu faire,
330 Montre assez qu'en effet vous estes populaire;
     Mais dans quelque haut rang que vous soyez placé,   [p. 15]
     Souvent le plus heureux s'y trouve renversé.
     Ce Poste a ses périls.

LE COMTE.

                    Je l'avoüray sans feindre;
     Comme il est élevé, tout m'y paroist à craindre;
335 Mais quoy que dangereux pour qui fait un faux pas,
     Peut-estre encor si-tost je ne tomberay pas,
     Et j'auray tout loisir, apres de longs outrages,
     D'apprendre qui je suis à des Flateurs à gages,
     Qui me voyant du crime ennemy trop constant,
340 Ne peuvent s'élever qu'en me précipitant.

CECILE.

Sur un avis donné…

LE COMTE.

                    L'avis m'est favorable;
     Mais comme l'amitié vous rend si charitable,
     Depuis quand, et sur quoy vous croyez-vous permis
     De penser que le temps ait pû nous rendre Amis?
345 Est-ce que l'on m'a veu par d'indignes foiblesses
     Aimer les lâchetez, appuyer des bassesses,
     Et prendre le party de ces Hommes sans foy,
     Qui de l'art de trahir font leur unique employ?

CECILE.

Je soufre par raison un discours qui m'outrage;
350 Mais réduit à céder, au moins j'ay l'avantage
     Que la Reyne craignant les plus grands attentats,
     Vous traite de coupable, et ne m'accuse pas.

LE COMTE.   [p. 16]

Je sçay que contre moy vous animez la Reyne;
Peut-estre à la séduire aurez-vous quelque peine,
355   Et quand j'auray parlé, tel qui noircit ma foy,
Pour obtenir sa grace, aura besoin de moy.

CECILE *seul.*

Agissons, il est temps, c'est trop faire l'Esclave,
Perdons un orgueilleux dont le mépris nous brave,
Et ne balançons plus, puis qu'il faut éclater,
360   A prévenir le coup qu'il cherche à nous porter.

Fin du Premier Acte.

ACTE II.

SCENE PREMIERE.

ELISABETH, TILNEY.

ELISABETH.

En vain tu crois tromper la douleur qui m'accable;
C'est parce qu'il me hait, qu'il s'est rendu coupable,
Et la belle Suffolc refusée à ses voeux,
Luy fait joindre le crime au mépris de mes feux.
365 Pour le justifier, ne dy point qu'il ignore
Jusqu'où va le poison dont l'ardeur me devore.
Il a trop de ma bouche, il a trop de mes yeux,
Appris qu'il est, l'Ingrat, ce que j'aime le mieux.
Quand j'ay blâmé son choix, n'estoit-ce pas luy dire
370 Que je veux que son coeur pour moy seule soûpire?
Et mes confus regards n'ont-ils pas expliqué
Ce que par mes refus j'avois déja marqué?
Oüy, de ma passion il sçait la violence,
Mais l'exil de Suffolc l'arme pour sa vangeance,
375 Au crime, pour luy plaire, il s'ose abandonner,
Et n'en veut à mes jours que pour la couronner.

TILNEY. [p. 18]

Quelques justes soupçons que vous en puissiez prendre,
J'ay peine contre vous à ne le pas défendre.
L'Etat qu'il a sauvé, sa vertu, son grand coeur,
380 Sa gloire, ses exploits, tout parle en sa faveur.
Il est vray qu'à vos yeux Suffolc cause sa peine,
Mais, Madame, un Sujet doit-il aimer sa Reyne?
Et quand l'Amour naistroit, a-t-il à triompher
Où le respect plus fort combat pour l'étoufer?

ELISABETH.

385 Ah contre la surprise où nous jettent ses charmes,
La majesté du rang n'a que de foibles armes.
L'Amour par le respect dans un coeur enchaîné,
Devient plus violent, plus il se voit gesné.
Mais le Comte en m'aimant, n'auroit eu rien à craindre,
390 Je luy donnois sujet de ne se point contraindre,
Et c'est dequoy rougir, qu'apres tant de bonté
Ses froideurs soient le prix que j'en ay mérité.

TILNEY.

Mais je veux qu'à vous seule il cherche enfin à plaire;
De cette passion que faut-il qu'il espere?

ELISABETH.

395 Ce qu'il faut qu'il espere? et qu'en puis-je espérer
Que la douceur de voir, d'aimer, de soûpirer?
Triste et bizarre orgueil qui m'oste à ce que j'aime!
Mon bonheur, mon repos s'immole au rang supréme,
Et je mourrois cent fois, plutost que faire un Roy   [p. 19]
400 Qui dans le Trône assis fust au dessous de moy.
Je sçay que c'est beaucoup de vouloir que son ame
Brûle à jamais pour moy d'une inutile flame,
Qu'aimer sans espérance est un cruel ennuy;
Mais la part que j'y prens doit l'adoucir pour luy;
405 Et lors que par mon rang je suis tyrannisée,
Qu'il le sçait, qu'il le voit, la soufrance est aisée.
Qu'il me plaigne, se plaigne, et content de m'aimer…
Mais, que dis-je? d'une autre il s'est laissé charmer,
Et tant d'aveuglement suit l'ardeur qui l'entraîne,
410 Que pour la satisfaire, il veut perdre sa Reyne.
Qu'il craigne cependant de me trop irriter,
Je contrains ma colere à ne pas éclater;
Mais quelquefois l'amour qu'un long mépris outrage,
Las enfin de soufrir, se convertit en rage,
415 Et je ne répons pas…

SCENE II.

ELISABETH, LA DUCHESSE,
TILNEY.

ELISABETH.

Hé bien, Duchesse, à quoy
Ont pû servir les soins que vous prenez pour moy?
Avez-vous veu le Comte, et se rend-il traitable?

LA DUCHESSE.

Il fait voir un respect pour vous inviolable,
Et si vos interests ont besoin de son Bras,   [p. 20]
420   Commandez, le péril ne l'étonnera pas;
Mais il ne peut soufrir sans quelque impatience
Qu'on ose aupres de vous noircir son innocence,
Le crime, l'attentat, sont des noms pleins d'horreur
Qui mettent dans son ame une noble fureur;
425   Il se plaint qu'on l'accuse, et que sa Reyne écoute
Ce que des Imposteurs...

ELISABETH.

Je luy fais tort sans doute;
Quand jusqu'en mon Palais il ose m'assieger,
Sa revolte n'est rien, je la dois négliger,
Et ce qu'avec l'Irlande il a d'intelligence
430   Marque dans ses projets la plus haute innocence.
Ciel! faut-il que ce coeur qui se sent déchirer,
Contre un Sujet ingrat tremble à se déclarer?
Que ma mort qu'il résout me demandant la sienne,
Une indigne pitié m'étonne, me retienne,
435   Et que toûjours trop foible apres sa lâcheté
Je n'ose mettre enfin ma gloire en seûreté?
Si l'amour une fois laisse place à la haine,
Il verra ce que c'est que d'outrager sa Reyne,
Il verra ce que c'est que de s'estre caché

440 Cet amour où pour luy mon coeur s'est relâché.
   J'ay soufert jusqu'icy; malgré ses injustices
   J'ay toûjours contre moy fait parler ses services;
   Mais puis que son orgueil va jusqu'aux attentats,
   Il faut en l'abaissant étonner les Ingrats,
445 Il faut à l'Univers qui me voit, me contemple,
   D'une juste rigueur donner un grand exemple,
   Il cherche à m'y contraindre, il le veut, c'est assez.

LA DUCHESSE.

[p. 21]

   Quoy, pour ses Ennemis vous vous intéressez,
   Madame? Ignorez-vous que l'éclat de sa vie
450 Contre le rang qu'il tient arme en secret l'Envie?
   Coupable en apparence…

ELISABETH.

       Ah, dites en effet,
   Les Témoins sont oüis, son Procés est tout fait;
   Et si je veux enfin cesser de le défendre,
   L'Arrest ne dépend plus que de le faire entendre.
455 Qu'il y songe, autrement…

LA DUCHESSE.

       Hé quoy, ne peut-on pas
   L'avoir rendu suspect sur de faux attentats?

ELISABETH.

   Ah plust au Ciel; mais non, les preuves sont trop fortes.
   N'a-t-il pas du Palais voulu forcer les Portes?
   Si le Peuple qu'en foule il avoit attiré
460 Eust appuyé sa rage, il s'en fust emparé.
   Plus de Trône pour moy, l'Ingrat en estoit maistre.[3]

---

[3]Var: 461 Plus de Trône pour moy, l'Ingrat s'en rendoit maistre.

LA DUCHESSE.

On n'est pas criminel toûjours pour le paroistre.
Mais je veux qu'il le soit; ce coeur de luy charmé
Résoudra-t-il sa mort? vous l'avez tant aimé!

ELISABETH. [p. 22]

465   Ah, cachez-moy l'amour qu'alluma trop d'estime.
M'en faire souvenir, c'est redoubler son crime.
A ma honte, il est vray, je le dois confesser,
Je sentis, j'eus pour luy... mais que sert d'y penser?
Suffolc me l'a ravy, Suffolc qu'il me préfere,
470   Luy demande mon sang, le lâche veut luy plaire.
Ah pourquoy, dans les maux où l'amour m'exposoit,
N'ay-je fait que bannir celle qui les causoit?
Il falloit, il falloit à plus de violence
Contre cette Rivale enhardir ma vangeance.
475   Ma douceur a nourry son criminel espoir.

LA DUCHESSE.

Mais cet amour sur elle eut-il quelque pouvoir?
Vous a-t-elle trahie, et d'une ame infidelle
Excité contre vous...

ELISABETH.

               Je soufre tout par elle;
Elle s'est fait aimer, elle m'a fait haïr,
480   Et c'est avoir plus fait cent fois que me trahir.

LA DUCHESSE.

Je n'ose m'opposer... Mais Cecile s'avance.

* * *

SCENE III.   [p. 23]

ELISABETH, LA DUCHESSE,
CECILE, TILNEY.

CECILE.

On ne pouvoit user de plus de diligence.
Madame, on a du Comte examiné le seing,
Les Ecrits sont de luy, nous connoissons sa main;
485   Sur un secours offert toute l'Irlande est preste
A faire au premier ordre éclater la tempeste,
Et vous verrez dans peu renverser tout l'Etat,
Si vous ne prévenez cet horrible attentat.

ELISABETH, *à la Duchesse.*

Garderez vous encor le zele qui l'excuse?
490   Vous le voyez.

LA DUCHESSE.

Je voy que Cecile l'accuse;
Dans un projet coupable il le fait affermy,
Mais j'en connois la cause, il est son ennemy.

CECILE.

Moy, son Ennemy?

LA DUCHESSE.

Vous.

CECILE.   [p. 24]

Oüy, je le suis des Traistres
Dont l'orgueil téméraire attente sur leurs Maistres;
495   Et tant qu'entre mes mains leur salut sera mis,

Je feray vanité de n'avoir point d'Amis.

LA DUCHESSE.

Le Comte cependant n'a pas si peu de gloire,
Que vous dûssiez si-tost en perdre la memoire;
L'Etat pour qui cent fois on vit armer son Bras,
500   Luy doit peut-estre assez pour ne l'oublier pas.

CECILE.

S'il s'est voulu d'abord montrer Sujet fidelle,
La Reyne a bien payé ce qu'il a fait pour elle;
Et plus elle estima ses rares qualitez,
Plus elle doit punir qui trahit ses bontez.

LA DUCHESSE.

505   Si le Comte périt, quoy que l'Envie en pense,
Le coup qui le perdra, punira l'innocence.
Jamais du moindre crime…

ELISABETH.

à Cecile.   Hé bien, on le verra.
Assemblez le Conseil, il en décidera, [4]
Vous attendrez mon ordre.

* * *

---

[4]Var: 507-8   Et bien, on le verra.
                              à Cecile.
                    Assemblez le Conseil, il en décidera,

SCENE IV.   [p. 25]

ELISABETH, LA DUCHESSE,
TILNEY.

LA DUCHESSE.

           Ah, que voulez vous faire,
510   Madame? en croirez-vous toute vostre colere?
Le Comte…

ELISABETH.

       Pour ses jours n'ayez aucun soucy.
Voicy l'heure donnée, il va se rendre icy,
L'amour que j'eus pour luy le fait son premier Juge,
Il peut y rencontrer un assuré refuge;
515   Mais si dans son orgueil il ose persister,
S'il brave cet amour, il doit tout redouter.
Je suis lasse de voir…

TILNEY.

       Le Comte est là, Madame.

ELISABETH.

Qu'il entre. Quels combats troublent déja mon ame!
C'est luy de mes bontez qui doit chercher l'appuy,
520   Le péril le regarde, et je crains plus que luy.

* * *

SCENE V.   [p. 26]

ELISABETH, LE COMTE D'ESSEX,
LA DUCHESSE, TILNEY.

ELISABETH.

Comte, j'ay tout appris, et je vous parle instruite
De l'abysme où vous jette une aveugle conduite.
J'en sçay l'égarement, et par quels interests
Vous avez jusqu'au Trône élevé vos projets.
525   Vous voyez qu'en faveur de ma premiere estime,
Nommant égarement le plus énorme crime,
Il ne tiendra qu'à vous que de vos attentats
Vostre Reyne aujourd'huy ne se souvienne pas.
Pour un si grand effort qu'elle offre de se faire,
530   Tout ce qu'elle demande est un aveu sincere.
S'il fait peine à l'orgueil qui vous fit trop oser,
Songez qu'on risque tout à me le refuser,
Que quand trop de bonté fait agir ma clemence,
Qui l'ose dédaigner doit craindre ma vangeance,
535   Que j'ay la foudre en main pour qui monte trop haut,
Et qu'un mot prononcé vous met sur l'Echafaut.

LE COMTE.

Madame, vous pouvez résoudre de ma peine,
Je connois ce que doit un Sujet à sa Reyne,
Et sçay trop que le Trône où le Ciel vous fait seoir,
540   Vous donne sur ma vie un absolu pouvoir.
Quoy que d'elle par vous la calomnie ordonne,   [p. 27]
Elle m'est odieuse, et je vous l'abandonne.
Dans l'état déplorable où sont réduits mes jours,
Ce sera m'obliger que d'en rompre le cours;
545   Mais ma gloire qu'attaque une lâche imposture,
Sans indignation n'en peut soufrir l'injure.
Elle est assez à moy pour me laisser en droit
De voir avec douleur l'affront qu'elle reçoit.
Si de quelque attentat vous avez à vous plaindre,
550   Si pour l'Etat tremblant la suite en est à craindre,

C'est à voir des Flateurs s'efforcer aujourd'huy,
En me rendant suspect, d'en abatre l'appuy.

ELISABETH.

La fierté qui vous fait étaler vos services,
Donne de la vertu d'assez foibles indices;
555   Et si vous m'en croyez, vous chercherez en moy
Un moyen plus certain...

LE COMTE.

Madame, je le voy.
Des traistres, des méchans accoustumez au crime,
M'ont par leurs faussetez arraché vostre estime,
Et toute ma vertu contre leur lâcheté
560   S'ofre en vain pour garand de ma fidelité.
Si de la démentir j'avois esté capable,
Sans rien craindre de vous vous m'auriez veu coupable.
C'est au Trône où peut-estre on m'eust laissé monter,
Que je me fusse mis en pouvoir d'éclater.
565   J'aurois en m'élevant à ce degré sublime,
Justifié ma faute en commettant le crime;
Et la Ligue qui cherche à me perdre innocent,
N'eust veu mes attentats qu'en les applaudissant.

ELISABETH.   [p. 28]

Et n'as-tu pas, Perfide, armant la Populace,
570   Essayé, mais en vain, de te mettre en ma place?
Mon Palais investy ne te convainc-t-il pas
Du plus grand, du plus noir de tous les attentats?
Mais dy-moy, car enfin le couroux qui m'anime
Ne peut faire ceder ma tendresse à ton crime;
575   Et si par sa noirceur je tâche à t'étonner,
Je ne te la fais voir que pour te pardonner.
Pourquoy vouloir ma perte, et qu'avoit fait ta Reyne
Qui dust à sa ruine interesser ta haine?
Peut-estre ay-je pour toy montré quelque rigueur,
580   Lors que j'ay mis obstacle au panchant de ton coeur.

Suffolc t'avoit charmé; mais si tu peux te plaindre,
Qu'apprenant cet amour j'ay tâché de l'éteindre,
Songe à quel prix, Ingrat, et par combien d'honneurs,
Mon estime a sur toy répandu mes faveurs.
585 C'est peu dire qu'estime, et tu l'as pû connoistre,
Un sentiment plus fort de mon coeur fut le maistre.
Tant de Princes, de Roys, de Héros méprisez,
Pour qui, Cruel, pour qui les ay-je refusez?
Leur hymen eust sans-doute acquis à mon Empire
590 Ce comble de puissance où l'on sçait que j'aspire;
Mais quoy qu'il m'assurast, ce qui m'ostoit à toy
Ne pouvoit rien avoir de sensible pour moy.
Ton coeur dont je tenois la conqueste si chere,
Estoit l'unique bien capable de me plaire;
595 Et si l'orgueil du Trône eust pû me le soufrir,
Je t'eusse offert ma main afin de l'acquerir.
Espere, et tâche à vaincre un scrupule de gloire
Qui combatant mes voeux, s'opose à ta victoire.
Merite par tes soins que mon coeur adoucy
600 Consente à n'en plus voir un importun soucy.[5]
Fay qu'à ma passion je m'abandonne entiere,   [p. 29]
Que cette Elisabeth si hautaine, si fiere,
Elle à qui l'Univers ne sçauroit reprocher
Qu'on ait veu son orgueil jamais se relâcher,
605 Cesse enfin, pour te mettre où son amour t'appelle,
De croire qu'un Sujet ne soit pas digne d'elle.
Quelquefois à ceder ma fierté se résout.
Que sçais-tu si le temps n'en viendra pas à bout?
Que sçais-tu...

LE COMTE.

Non, Madame, et je puis vous le dire,
610 L'estime de ma Reyne à mes veux doit suffire;[6]
Si l'amour la portoit à des projets trop bas,
Je trahirois sa gloire à ne l'empescher pas.

---

[5]Var: 600 Consente à n'en plus croire un importun soucy.
[6]Var: 610 L'estime de ma Reine à mes voeux doit suffire.

ELISABETH.

Ah je voy trop jusqu'où la tienne se ravale.
Le Trône te plairoit; mais avec ma Rivale,
615 Quelque appas qu'ait pour toy l'ardeur qui te séduit,
Prens-y garde, ta mort en peut estre le fruit.

LE COMTE.

En perdant vostre appuy, je me voy sans defense,
Mais la mort n'a jamais étonné l'innocence;
Et si pour contenter quelque Ennemy secret,
620 Vous souhaitez mon sang, je l'offre sans regret.

ELISABETH.

Va, ç'en est fait, il faut contenter ton envie,
A ton lâche destin j'abandonne ta vie,
Et consens, puis qu'en vain je tâche à te sauver,   [p. 30]
Que sans voir… Tremble, Ingrat, que je n'ose achever;
625 Ma bonté qui toûjours s'obstine à te defendre,
Pour la derniere fois cherche à se faire entendre.
Tandis qu'encor pour toy je veux bien l'écouter,
Le pardon t'est offert, tu le peux accepter;
Mais si…

LE COMTE.

J'accepterois un pardon? moy, Madame?

ELISABETH.

630 Il blesse, je le voy, la fierté de ton ame;
Mais s'il te fait soufrir, il falloit prendre soin
D'empescher que jamais tu n'en eusses besoin;
Il falloit, ne suivant que de justes maximes,
Rejetter…

LE COMTE.

Il est vray, j'ay commis de grands crimes,
635   Et ce que sur les Mers mon Bras a fait pour vous,
      Me rend digne en effet de tout vostre couroux.
      Vous le sçavez, Madame, et l'Espagne confuse
      Justifie un Vainqueur que l'Angleterre accuse.
      Ce n'est point pour vanter mes trop heureux exploits
640   Qu'à l'éclat qu'ils ont fait j'ose joindre ma voix;
      Tout autre pour sa Reyne employant son courage,
      En mesme occasion eust eu mesme avantage;
      Mon bonheur a tout fait, je le croy, mais enfin
      Ce bonheur eust ailleurs assuré mon destin.
645   Ailleurs, si l'imposture eust conspiré ma honte,
      On n'auroit pas soufert qu'on osast…

ELISABETH.   [p. 31]

Hé bien, Comte,
      Il faut faire juger dans la rigueur des Loix
      La récompense deuë à ces rares Exploits.
      Si j'ay mal reconnu vos importans services,
650   Vos Juges n'auront pas les mesmes injustices,
      Et vous recevrez d'eux ce qu'auront merité
      Tant de preuves de zele et de fidelité.

* * *

SCENE VI.

LA DUCHESSE, LE COMTE.

LA DUCHESSE.

Ah, Comte, voulez-vous en dépit de la Reyne,
      De vos Accusateurs servir l'injuste haine;
655   Et ne voyez-vous pas que vous estes perdu,

Si vous soufrez l'Arrest qui peut estre rendu?
Quels Juges avez-vous pour y trouver azile?
Ce sont vos Ennemis, c'est Raleg, c'est Cecile;
Et pouvez-vous penser qu'en ce péril pressant;
660   Qui cherche vostre mort, vous déclare innocent?

                        LE COMTE.

Quoy, sans m'intéresser pour ma gloire flétrie,
Je me verray traiter de traistre à ma Patrie?
S'il est dans ma conduite une ombre d'attentat,
Vostre hymen fit mon crime, il touche peu l'Etat;
665   Vous sçavez là-dessus quelle est mon innocence,   [p. 32]
Et ma gloire avec vous estant en assurance,
Ce que mes Ennemis en voudront présumer,
Quoy qu'ose leur fureur, ne sçauroit m'alarmer.
Leur imposture enfin se verra découverte,
670   Et tous méchans qu'ils sont, s'ils résolvent ma perte,[7]
Assemblez pour l'Arrest qui doit me condamner,
Ils trembleront peut-estre avant que le donner.

                        LA DUCHESSE.

Si l'éclat qu'au Palais mon hymen vous fit faire,
Me faisoit craindre seul un Arrest trop severe,
675   Je pourrois de ce crime affranchir vostre foy,
En déclarant l'amour que vous eustes pour moy.
Mais des Témoins oüis sur ce qu'avec l'Irlande
On veut que vous ayez…

                        LE COMTE.

                              La faute n'est pas grande,
Et pourveu que nos feux à la Reyne cachez
680   Laissent à mes jours seuls mes malheurs attachez…

---

[7]Var: 670 Et tout méchans qu'ils sont, s'ils resolvent ma perte,

LA DUCHESSE.

Quoy, vous craignez l'éclat de nos flames secretes,
Ce péril vous étonne, et c'est vous qui le faites?
La Reyne qui se rend sans rien examiner,
Si vous y consentez, vous veut tout pardonner.
685 C'est vous qui refusant...

LE COMTE.

                N'en parlons plus, Madame,
Qui reçoit un pardon, soufre un soupçon infame,
Et j'ay le coeur trop haut pour pouvoir m'abaisser   [p. 33]
A l'indigne priere où l'on me veut forcer.

LA DUCHESSE.

Ah, si de quelque espoir je puis flater ma peine,
690 Je voy bien qu'il le faut mettre tout en la Reyne.
Par de nouveaux efforts je veux encor pour vous
Tâcher malgré vous-mesme à vaincre son couroux.
Mais si je n'obtiens rien, songez que vostre vie
Depuis longtemps en bute aux fureurs de l'Envie,
695 Me couste assez déja pour ne meriter pas
Que cherchant à mourir, vous causiez mon trepas.
C'est vous en dire trop; adieu, Comte.

LE COMTE.

                 Ah, Madame,
Apres que vous avez desesperé ma flame,
Par quel soin de mes jours... Quoy, me quiter ainsy?

* * *

SCENE VII.

LE COMTE, CROMMER, Suite.

CROMMER.

700   C'est avec déplaisir que je parois icy;
Mais un ordre cruel dont tout mon coeur soûpire…

LE COMTE.

Quelque fâcheux qu'il soit,vous pouvez me le dire.

CROMMER.   [p. 34]

J'ay charge…

LE COMTE.

Hé bien, de quoy? parlez sans hésiter.

CROMMER.

De prendre vostre Epée, et de vous arrester.

LE COMTE.

705   Mon Epée?

CROMMER.

A cet ordre il faut que j'obeïsse.

LE COMTE.

Mon Epée? et l'outrage est joint à l'injustice?

CROMMER.

Ce n'est pas sans raison que vous vous étonnez;
J'obeïs à regret, mais je le dois.

LE COMTE, *luy donnant son Epée.*

Prenez.
Vous avez dans vos mains ce que toute la Terre
710 A veu plus d'une fois utile à l'Angleterre,
Marchons; quelque douleur que j'en puisse sentir,
La Reyne veut se perdre, il faut y consentir.

Fin du Second Acte.

ACTE III. [p. 35]

SCENE PREMIERE.

ELISABETH, CECILE,TILNEY.

ELISABETH.

Le Comte est condamné?

CECILE.

                C'est à regret, Madame,
Qu'on voit son nom terny par un Arrest infame.
715   Ses Juges l'en ont plaint, mais tous l'ont à la fois
Connu si criminel, qu'ils n'ont eu qu'une voix.
Comme pour affoiblir toutes nos procédures
Ses reproches d'abord m'ont accablé d'injures,
Ravy, s'il se pouvoit, de le favoriser,
720   J'ay de son Jugement voulu me récuser.
La Loy le défendoit, et c'est malgré moy-mesme
Que j'ay dit mon avis dans le Conseil supréme,
Qui confus des noirceurs de son lâche attentat,
A crû devoir sa teste au repos de l'Etat.

ELISABETH.

725   Ainsi sa perfidie a paru manifeste?

CECILE. [p. 36]

Le coup pour vous, Madame, alloit estre funeste.
Du Comte de Tyron, de l'Irlandois suivy,
Il en vouloit au Trône, et vous l'auroit ravy.

ELISABETH.

Ah, je l'ay trop connu, lors que la Populace
730 Seconda contre moy son insolente audace.
A m'oster la Couronne il croyoit l'engager;
Quelle excuse a ce crime, et par où s'en purger?[8]
Qu'a-t-il répondu?

CECILE.

            Luy? qu'il n'avoit rien à dire;
Que pour toute défense il nous devoit suffire
735 De voir ses grands Exploits pour luy s'intéresser,
Et que sur ces Témoins on pouvoit prononcer.

ELISABETH.

Que d'orgueil! Quoy, tout prest à voir lancer la foudre,
Au moindre repentir il ne peut se résoudre?
Soûmis à ma vangeance il brave mon pouvoir?
740 Il ose…

CECILE.

        Sa fierté ne se peut concevoir.
On eust dit, à le voir plein de sa propre estime,
Que ses Juges estoient coupables de son crime,
Et qu'ils craignoient de luy dans ce pas hazardeux
Ce qu'il avoit l'orgueil de ne pas craindre d'eux.

ELISABETH.   [p. 37]

745 Cependant, il faudra que cet orgueil s'abaisse;
Il voit, il voit l'état où son crime le laisse.
Le plus ferme s'ébranle apres l'Arrest donné.

---

[8]Var: 732 Quelle excuse à ce crime, et par où s'en purger?

CECILE.

Un coup si rigoureux ne l'a point étonné.
Comme alors on conserve une inutile audace,
750   J'ay voulu le réduire à vous demander grace.
Que ne m'a-t-il point dit? j'en rougis, et me tais.

ELISABETH.

Ah quoy qu'il la demande, il ne l'aura jamais;
De moy tantost sans peine il l'auroit obtenuë,
J'estois encor pour luy de bonté prévenuë,
755   Je voyois à regret qu'il voulust me forcer
A souhaiter l'Arrest qu'on vient de prononcer;
Mon Bras lent à punir, suspendoit la tempeste,[9]
Il me pousse à l'éclat, il payera de sa teste.
Donnez bien ordre à tout, pour empescher sa mort,
760   Le Peuple qui la craint, peut faire quelque effort.
Il s'en est fait aimer, prévenez ces alarmes,
Dans les lieux les moins seurs faites prendre les armes,
N'oubliez rien, allez.

CECILE.

Vous connoissez ma foy,
Je répons des mutins, reposez-vous sur moy.

* * *

---

[9]Var: 752-7 Ah, quoy qu'il la demande, il ne l'aura jamais.
De moy tantost sans peine il l'auroit obtenuë.
J'estois encor pour luy de bonté prevenuë;
Je voyois à regret qu'il voulust me forcer
A souhaiter l'Arrest qu'on vient de prononcer.
Mon bras, lent à punir, suspendoit la tempeste;

SCENE II.

ELISABETH, TILNEY.

ELISABETH.

765   Enfin, Perfide, enfin ta perte est résoluë,
      C'en est fait, malgré moy, toy-mesme l'as concluë,
      De ma lâche pitié tu craignois les effets,
      Plus de grace, tes voeux vont estre satisfaits.
      Ma tendresse emportoit une indigne victoire,
770   Je l'étouffe, il est temps d'avoir soin de ma gloire,
      Il est temps que mon coeur justement irrité
      Instruise l'Univers de toute ma fierté.
      Quoy, de ce coeur séduit appuyant l'injustice,
      De tes noirs attentats tu l'auras fait complice,
775   J'en sçauray le coup prest d'éclater, le verray,
      Tu m'auras dédaignée, et je le souffriray?
      Non, puis qu'en moy toûjours l'Amante te fit peine,
      Tu le veux, pour te plaire, il faut paroistre Reyne,
      Et reprendre l'orgueil que j'osois oublier,
780   Pour permettre à l'Amour de te justifier.

TILNEY.

      A croire cet orgueil peut-estre un peu trop prompte,
      Vous avez consenty qu'on ait jugé le Comte.
      On vient de prononcer l'Arrest de son trépas,
      Chacun tremble pour luy, mais il ne mourra pas.

ELISABETH.   [p. 39]

785   Il ne mourra pas, luy? Non, croy-moy, tu t'abuses,
      Tu sçais son attentat, est-ce que tu l'excuses,
      Et que de son Arrest blâmant l'indignité,
      Tu crois qu'il soit injuste, ou trop précipité?
      Penses-tu quand l'Ingrat contre moy se déclare,
790   Qu'il n'ait pas merité la mort qu'on luy prépare,
      Et que je vange trop, en le laissant périr,
      Ce que par ses dédains l'amour m'a fait souffrir?

TILNEY.

Que cet amour soit juste, ou donné par l'Envie,[10]
Vous l'aimez, cet amour luy sauvera la vie;
795   Il tient vos jours aux siens si fortement unis,
Que par le mesme coup on les verroit finis.
Vostre aveugle colere en vain vous le déguise,
Vous pleureriez la mort que vous auriez permise,
Et le sanglant éclat qui suivroit ce courroux
800   Vangeroit vos malheurs moins sur luy que sur vous.

ELISABETH.

Ah, Cruelle, pourquoy fais-tu trembler ma haine?
Est-ce une passion indigne d'une Reyne,
Et l'amour qui me veut empescher de regner,
Ne se lasse-t-il point de se voir dédaigner?
805   Que me sert qu'au dehors, redoutable Ennemie,
Je rende par la Paix ma puissance affermie,
Si mon coeur au dedans tristement déchiré
Ne peut joüir du calme où j'ay tant aspiré?
Mon bonheur semble avoir enchaîné la victoire,
810   J'ay triomphé par tout, tout parle de ma gloire,
Et d'un Sujet ingrat, ma pressante bonté   [p. 40]
Ne peut mesme en priant réduire la fierté.
Par son fatal Arrest plus que luy condamnée,
A quoy te résous-tu, Princesse infortunée?
815   Laisseras-tu périr sans pitié, sans secours,
Le soûtien de ta gloire, et l'appuy de tes jours?

TILNEY.

Ne pouvez-vous pas tout? Vous pleurez!

ELISABETH.

Oüy, je pleure,

---

[10]Var: 793 Que cet Arrest soit juste, ou donné par l'Envie,

Et sens bien que s'il meurt, il faudra que je meure.
O vous, Roys, que pour luy ma flame a négligez,
820 Jettez les yeux sur moy, vous estes bien vangez;
Une Reyne, intrépide au milieu des alarmes,
Tremblante pour l'Amour, ose verser des larmes.
Encor s'il estoit seur que ces pleurs répandus,
En me faisant rougir, ne fussent pas perdus,
825 Que le Lâche pressé du vif remords que donne...
Qu'en penses-tu? dy-moy, le plus hardy s'étonne;
L'image de la mort, dont l'appareil est prest,
Fait croire tout permis pour en changer l'Arrest.
Réduit à voir sa teste expier son offense,
830 Doutes-tu qu'il ne veüille implorer ma clemence,
Que seur que mes bontez passent ses attentats...

TILNEY.

Il doit y recourir; mais s'il ne le fait pas?
Le Comte est fier, Madame.

ELISABETH.

      Ah tu me desesperes.
Quoy qu'osent contre moy ses projets teméraires,
835 Deust l'Etat par ma chûte en estre renversé,   [p. 41]
Qu'il fléchisse, il suffit, j'oublîray le passé.
Mais quand toute attachée à retenir la foudre,
Je frémis de le perdre, et tremble à m'y résoudre,
Si me bravant toûjours il ose m'y forcer,
840 Moy Reyne, luy Sujet, puis-je m'en dispenser?
Sauvons-le malgré luy, parle, et fay qu'il te croye,
Voy-le, mais cache-luy que c'est moy qui t'envoye;
Et ménageant ma gloire en t'expliquant pour moy,
Peins-luy mon coeur sensible à ce que je luy doy.
845 Fay-luy voir qu'à regret j'abandonne sa teste,
Qu'au plus foible remords sa grace est toute preste;
Et si pour l'ébranler il faut aller plus loin,
Du soin de ton amour fay ton unique soin;[11]

---

[11]Var: 848 Du soin de mon amour fay ton unique soin.

Laisse, laisse ma gloire, et dy-luy que je l'aime,
850   Tout coupable qu'il est, cent fois plus que moy-mesme;
Qu'il n'a, s'il veut finir mes déplorables jours,
Qu'à souffrir que des siens on arreste le cours.
Presse, prie, offre tout, pour fléchir son courage.
Enfin si pour ta Reyne un vray zele t'engage,
855   Par crainte, par amour, par pitié de mon sort,
Obtiens qu'il se pardonne, et l'arrache à la mort;
L'empeschant de périr, tu m'auras bien servie.
Je ne te dis plus rien, il y va de ma vie,
Ne perds point de temps, cours, et me laisse écouter
860   Ce que pour sa defense un Amy vient tenter.

* * *

SCENE III.   [p. 42]

ELISABETH, LE COMTE DE SALSBURY.

SALSBURY.

Madame, pardonnez à ma douleur extréme,
Si paroissant icy pour un autre moy-mesme,
Tremblant, saisy d'effroy, pour vous, pour vos Etats,
J'ose vous conjurer de ne vous perdre pas.
865   Je n'examine point quel peut estre le crime;
Mais si l'Arrest donné vous semble legitime,
Vous le paroistra-t-il quand vous daignerez voir,
Par un funeste coup, quelle Teste il fait choir?
C'est ce fameux Héros, dont cent fois la victoire
870   Par les plus grands Exploits a consacré la gloire,
Dont par tout le destin fut si noble et si beau,
Qu'on livre entre les mains d'un infame Bourreau.
Apres qu'à sa valeur que chacun idolatre,
L'Univers avec pompe a servy de Theatre[12]
875   Pourrez-vous consentir qu'un Echafaut dressé

---

[12]Var: 874 L'Univers avec pompe a servy de Theatre,

Montre à tous de quel prix il est recompensé?
Quand je viens vous marquer son merite et sa peine,
Ce n'est point seulement l'amitié qui m'ameine,
C'est l'Etat desolé, c'est vostre Cour en pleurs,
880   Qui perdant son appuy, tremble de ses malheurs.
Je sçay qu'en sa conduite il eut quelque imprudence,
Mais le crime toûjours ne suit pas l'apparence,
Et dans le rang illustre où ses vertus l'ont mis,
Estimé de sa Reyne, il a des Ennemis.
885   Pour luy, pour vous, pour nous craignez leurs artifices,   [p. 43]
Et s'ils font ses defauts plus grands que ses services,
Songez que la Clemence a toûjours eu ses droits,
Et qu'elle est la vertu la plus digne des Roys.

ELISABETH.

Comte de Salsbury, j'estime vostre zele,
890   J'aime à vous voir Amy genereux et fidelle,
Et loüe en vous l'ardeur que ce noble interest
Vous donne à murmurer d'un équitable Arrest.
J'en sens ainsi que vous une douleur extréme,
Mais je dois à l'Etat encor plus qu'à moy-mesme.
895   Si j'ay laissé du Comte éclaircir le forfait,
C'est luy qui m'a forcée à tout ce que j'ay fait.
Preste à tout oublier, s'il m'avoüoit son crime,
On le sçait, j'ay voulu luy rendre mon estime,
Ma bonté n'a servy qu'a redoubler l'orgueil
900   Qui des Ambitieux est l'ordinaire écueil.
Des soins qu'il m'a veu prendre à détourner l'orage,
Quoy que seur d'y périr, il s'est fait un outrage.
Si sa Teste me fait raison de sa fierté,
C'est sa faute, il aura ce qu'il a merité.

SALSBURY.

905   Il merite sans-doute une honteuse peine,
Quand sa fierté combat les bontez de sa Reyne.
Si quelque chose en luy vous peut, vous doit blesser,
C'est l'orgueil de ce coeur qu'il ne peut abaisser,
Cet orgueil qu'il veut croire au péril de sa vie.

910 Mais pour estre trop fier, vous a-t-il moins servie?
     Vous a-t-il moins montré dans cent et cent combats,
     Que pour vous il n'est rien d'impossible à son Bras?
     Par son sang prodigué, par l'éclat de sa gloire,   [p. 44]
     Daignez, s'il vous en reste encor quelque memoire,
915 Accorder au malheur qui l'accable aujourd'huy,
     Le pardon qu'à genoux je demande pour luy.
     Songez que si jamais il vous fut necessaire,
     Ce qu'il a déja fait, il peut encor le faire,
     Et que nos Ennemis tremblans, desesperez,
920 N'ont jamais mieux vaincu que quand vous le perdrez.

ELISABETH.

     Je le pers à regret, mais enfin je suis Reyne,
     Il est Sujet, coupable, et digne de sa peine;
     L'Arrest est prononcé, Comte, et tout l'Univers
     Va sur luy, va sur moy tenir les yeux ouverts.
925 Quand sa seule fierté dont vous blâmez l'audace
     M'auroit fait souhaiter qu'il m'eust demandé grace,
     Si par là de la mort il a pû s'affranchir,
     Dédaignant de le faire, est-ce à moy de fléchir?
     Est-ce à moy d'endurer qu'un Sujet temeraire
930 A d'impuissans éclats réduise ma colere,
     Et qu'il puisse à ma honte apprendre à l'Avenir,
     Que je connus son crime et n'osay le punir?

SALSBURY.

     On parle de revolte et de ligues secretes,
     Mais, Madame, on se sert de Lettres contrefaites;
935 Les Témoins par Cecile oüis, examinez,
     Sont Témoins que peut-estre on aura subornez;
     Le Comte les récuse, et quand je les soupçonne...

ELISABETH.

     Le Comte est condamné; si son Arrest l'étonne,
     S'il a pour l'affoiblir quelque chose à tenter,   [p. 45]
940 Qu'il rentre en son devoir, on pourra l'écouter.

Allez, mon juste orgueil que son audace irrite
Peut faire grace encor, faites qu'il la merite.

* * *

SCENE IV.

ELISABETH, LA DUCHESSE.

ELISABETH.

Venez, venez, Duchesse, et plaignez mes ennuis,
Je cherche à pardonner, je le veux, je le puis,
945 Et je tremble toûjours qu'un obstiné Coupable
Luy-mesme contre moy ne soit inéxorable.
Ciel qui me fis un coeur et si noble et si grand,
Ne le devois-tu pas former indiférent?
Falloit-il qu'un Ingrat aussi fier que sa Reyne,
950 Me donnant tant d'amour, fust digne de ma haine;
Ou si tu résolvois de m'en laisser trahir,
Pourquoy ne m'as-tu pas permis de le haïr?
Si ce funeste Arrest n'ébranle point le Comte,
Je ne puis éviter ou ma perte, ou ma honte,
955 Je péris par sa mort, et le voulant sauver,
Le Lâche impunément aura sçeu me braver.
Que je suis malheureuse!

LA DUCHESSE.

On est sans-doute à plaindre,
Quand on hait la rigueur, et qu'on s'y voit contraindre;
Mais si le Comte osoit, tout condamné qu'il est,   [p. 46]
960 Plutôt que son pardon, accepter son Arrest,
Au moins de ses desseins, sans le dernier suplice,
La prison vous pourroit…

ELISABETH.

Non, je veux qu'il flechisse,
Il y va de ma gloire, il faut qu'il cede.

LA DUCHESSE.

Helas!
Je crains qu'à vos bontez il ne se rende pas,
965   Que voulant abaisser ce courage invincible,
Vos efforts…

ELISABETH.

Ah! j'en sçais un moyen infaillible;
Rien n'égale en horreur ce que j'en souffriray,
C'est le plus grand des maux, peut-estre j'en mourray.
Mais si toûjours d'orgueil son audace est suivie,
970   Il faudra le sauver aux despens de ma vie;
M'y voila résoluë: ô voeux mal exaucés,
O mon coeur, est-ce ainsi que vous me trahissez?

LA DUCHESSE.

Vostre pouvoir est grand, mais je connois le Comte,
Il voudra…

ELISABETH.

Je ne puis le vaincre qu'à ma honte,
975   Je le sçay, mais enfin je vaincray sans effort,
Et vous allez vous-mesme en demeurer d'accord.
Il adore Suffolc, c'est elle qui l'engage
A luy faire raison d'un exil qui l'outrage.
Quoy que coûte à mon coeur ce funeste dessein,   [p. 47]
980   Je veux, je souffriray qu'il luy donne la main;
Et l'Ingrat qui m'oppose une fierté rebelle,
Seur enfin d'estre heureux, voudra vivre pour elle.

LA DUCHESSE.

Si par là seulement vous croyez le toucher,
Apprenez un secret qu'il ne faut plus cacher.
985   De l'amour de Suffolc vainement alarmée,
Vous la punistes trop, il ne l'a point aimée,
C'est moy seule, ce sont mes criminels appas,
Qui surprirent son coeur que je n'attaquois pas.
Par devoir, par respect, j'eus beau vouloir éteindre
990   Un feu dont vous deviez avoir tant à vous plaindre,
Confuse de ses voeux, j'eus beau luy resister,
Comme l'amour se flate, il voulut se flater,
Il crut que la pitié pourroit tout sur vostre ame,
Que le temps vous rendroit favorable à sa flame,
995   Et quoy qu'enfin pour luy Suffolc fust sans appas,
Il feignit de l'aimer pour ne m'exposer pas.
Son exil étonna cet amour téméraire;[13]
Mais si mon interest le força de se taire,
Son coeur dont la contrainte irritoit les desirs,
1000 Ne m'en donna pas moins ses plus ardens soûpirs.
Par moy qui l'usurpay, vous en fustes bannie,
Je vous nuisis, Madame, et je m'en suis punie.
Pour vous rendre les voeux que j'osois détourner,
On demanda ma main, je la voulus donner;
1005 Eloigné de la Cour, il sçeut cette nouvelle.
Il revient furieux, rend le Peuple rebelle,
S'en fait suivre au Palais dans le moment fatal
Que l'Hymen me livroit au pouvoir d'un Rival.
Il venoit l'empescher, et c'est ce qu'il vous cache.
1010 Voila par où le crime à sa gloire s'attache;
On traite de revolte un fier emportement,   [p. 48]
Pardonnable peut-estre aux ennuis d'un Amant.
S'il semble un attentat, s'il en a l'apparence,
L'aveu que je vous fais prouve son innocence.
1015 Enfin, Madame, enfin par tout ce qui jamais
Pût surprendre, toucher, enflamer vos souhaits,
Par les plus tendres voeux dont vous fustes capable,
Par luy-mesme, pour vous l'objet le plus aimable,

---

[13]Var: 997 Son exil étonna son amour temeraire;

Sur des Témoins suspects qui n'ont pû l'étonner,
1020 Ses Juges à la mort l'ont osé condamner.
Accordez-moy ses jours pour prix du sacrifice
Qui m'arrachant à luy vous a rendu justice;
Mon coeur en souffre assez, pour meriter de vous
Contre un si cher Coupable un peu moins de couroux

ELISABETH.

1025 Ay-je bien entendu? Le Perfide vous aime,
Me dédaigne, me brave, et contraire à moy-mesme,
Je vous assurerois, en l'osant secourir,
La douceur d'estre aimée, et de me voir souffrir?
Non, il faut qu'il périsse, et que je sois vangée,
1030 Je dois ce coup funeste à ma flame outragée,
Il a trop merité l'Arrest qui le punit,
Innocent ou coupable, il vous aime, il suffit.
S'il n'a point de vray crime, ainsi qu'on le veut croire,
Sur le crime apparent je sauveray ma gloire,
1035 Et la raison d'Etat, en le privant du jour,
Servira de prétexte à la raison d'Amour.

LA DUCHESSE.

Juste Ciel! vous pourriez vous immoler sa vie?
Je ne me repens point de vous avoir servie;
Mais helas! qu'ay-je pû faire plus contre moy,   [p. 49]
1040 Pour le rendre à sa Reyne, et rejetter sa foy?
Tout parloit, m'assuroit de son amour extréme;
Pour mieux me l'arracher, qu'auriez-vous fait vous-mesme?

ELISABETH.

Moins que vous; pour luy seul, quoy qu'il fust arrivé,
Toûjours tout mon amour se seroit conservé.
1045 En vain de moy tout autre eust eu l'ame charmée,
Point d'hymen; mais enfin je ne suis point aimée,
Mon coeur de ses dédains ne peut venir à bout,
Et dans ce desespoir, qui peut tout, ose tout.

LA DUCHESSE.

Ah, faites-luy paroistre un coeur plus magnanime,
1050 Ma severe vertu luy doit-elle estre un crime,
Et l'aide qu'à vos feux j'ay crû devoir offrir,
Vous le fait-elle voir plus digne de périr?

ELISABETH.

J'ay tort, je le confesse, et quoy que je m'emporte,
Je sens que ma tendresse est toûjours la plus forte.
1055 Ciel, qui me reservez à des malheurs sans fin,
Il ne manquoit donc plus à mon cruel destin,
Que de ne souffrir pas dans cette ardeur fatale
Que je fusse en pouvoir de haïr ma Rivale.
Ah, que de la Vertu les charmes sont puissans!
1060 Duchesse, ç'en est fait, qu'il vive, j'y consens.
Par un mesme interest, vous craignez, et je tremble,
Pour luy, contre luy-mesme, unissons-nous ensemble,
Tirons-le du péril qui ne peut l'alarmer,
Toutes deux pour le voir, toutes deux pour l'aimer;
1065 Un prix bien inégal nous en payera la peine,   [p. 50]
Vous aurez tout son coeur, je n'auray que sa haine;
Mais n'importe, il vivra, son crime est pardonné,
Je m'oppose à sa mort, mais l'Arrest est donné,
L'Angleterre le sçait, la Terre toute entiere
1070 D'une juste surprise en fera la matiere;
Ma gloire dont toûjours il s'est rendu l'appuy,
Veut qu'il demande grace, obtenez-le de luy,
Vous avez sur son coeur une entiere puissance,
Allez, pour le soûmettre, usez de violence,
1075 Sauvez-le, sauvez-moy; dans le trouble où je suis,
M'en reposer sur vous est tout ce que je puis.

Fin du Troisiéme Acte.

ACTE IV.

SCENE PREMIERE.

LE COMTE D'ESSEX, TILNEY.

LE COMTE.

Je dois beaucoup sans-doute au soucy qui t'ameine,
Mais enfin tu pouvois t'épargner cette peine.
Si l'Arrest qui me perd te semble à redouter,
1080 J'aime mieux le souffrir, que de le meriter.

TILNEY.

De cette fermeté soufrez que je vous blâme.
Quoy que la mort jamais n'ébranle une grande Ame,
Quand il nous la faut voir par des Arrests sanglans,
Dans son triste appareil approcher à pas lents...

LE COMTE.

1085 Je ne le cele point, je croyois que la Reyne
A me sacrifier dust avoir quelque peine.
Entrant dans le Palais, sans peur d'estre arresté, [p. 52]
J'en faisois pour ma vie un lieu de seûreté.
Non qu'enfin si mon sang a tant lieu dequoy plaire,[14]
1090 Je voye avec regret qu'on l'ose satisfaire;
Mais pour verser ce sang tant de fois répandu,
Peut-estre un Echafaut ne m'estoit-il pas du.
Pour elle il fut le prix de plus d'une victoire,
Elle veut l'oublier, j'ay regret à sa gloire,
1095 J'ay regret qu'aveuglée elle attire sur soy
La honte qu'elle croit faire tomber sur moy.
Le Ciel m'en est témoin, jamais Sujet fidelle

---

[14]Var: 1089 Non qu'enfin, si mon sang a tant dequoy luy plaire,

N'eut pour sa Souveraine un coeur si plein de zele;
Je l'ay fait éclater en cent et cent combats,
1100 On aura beau le taire, ils ne le tairont pas.
    Si j'ay fait mon devoir quand je l'ay bien servie,
Du moins je meritois qu'elle eust soin de ma vie.
Pour la voir contre moy si fierement s'armer,
Le crime n'est pas grand de n'avoir pû l'aimer.
1105 Le panchant fut toûjours un mal inévitable;
S'il entraîne le coeur, le sort en est coupable;
Et toute autre oubliant un si leger chagrin,
Ne m'auroit pas puny des fautes du Destin.

TILNEY.

Vos froideurs, je l'avoüe, ont irrité la Reyne,
1110 Mais daignez l'adoucir, et sa colere est vaine.
    Pour trop croire un orgueil dont l'éclat luy déplaist,
C'est vous-mesme, c'est vous qui donnez vostre Arrest.
Par vous, dit-on, l'Irlande à l'attentat s'anime;
Que le crime soit faux, il est connu pour crime;
1115 Et quand pour vous sauver elle vous tend les bras,
Sa gloire veut au moins que vous fassiez un pas,
Que vous...

LE COMTE.   [p. 53]

        Ah s'il est vray qu'elle songe à sa gloire,
Pour garantir son nom d'une tache trop noire,
Il est d'autres moyens où l'equité consent,
1120 Que de se relâcher à perdre un Innocent.
    On ose m'accuser; que sa colere accable
Des Témoins subornez qui me rendent coupable.
Cecile les entend, et les a suscitez,
Raleg leur a fourny toutes leurs faussetez;
1125 Que Raleg, que Cecile, et ceux qui luy ressemblent,
Ces Infames sous qui tous les Gens de bien tremblent,
Par la main d'un Boureau, comme ils l'ont merité,
Lavent dans leur vil sang leur infidelité.
Alors en répandant ce sang vrayment coupable,
1130 La Reyne aura fait rendre un Arrest équitable;

Alors de sa rigueur le foudroyant éclat,
Affermissant sa gloire, aura sauvé l'Etat:
Mais sur moy qui maintiens la Grandeur souveraine,
Du crime des Méchans faire tomber la peine,
1135 Souffrir que contre moy des Ecrits contrefaits…
Non, la Posterité ne le croira jamais.
Jamais on ne poura se mettre en la pensée,
Que de ce qu'on me doit, la memoire effacée,
Ait laissé l'imposture en pouvoir d'accabler…
1140 Mais la Reyne le voit, et le voit sans trembler;
Le péril de l'Etat n'a rien qui l'inquiéte;
Je dois estre content, puis qu'elle est satisfaite,
Et ne point m'ébranler d'un indigne trépas
Qui luy couste sa gloire, et ne l'étonne pas.

TILNEY.

1145 Et ne l'étonne pas! Elle s'en desespere,
Blâme vostre rigueur, condamne sa colere;
Pour rendre à son esprit le calme qu'elle attend,   [p. 54]
Un mot à prononcer vous cousteroit-il tant?

LE COMTE.

Je croy que de ma mort le coup luy sera rude,
1150 Qu'elle s'accusera d'un peu d'ingratitude.
Je n'ay pas, on le sçait, merité mes malheurs,
Mais le temps adoucit les plus vives douleurs.
De ses tristes remords si ma perte est suivie,
Elle souffriroit plus à me laisser la vie.
1155 Foible à vaincre ce coeur qui luy devient suspect,
Je ne pourois pour elle avoir que du respect.
Tout remply de l'Objet qui s'en est rendu maistre,
Si je suis criminel, je voudrois toûjours l'estre,
Et sans-doute il est mieux qu'en me privant du jour,
1160 Sa haine, quoy qu'injuste, éteigne son amour.

TILNEY.

Quoy, je n'obtiendray rien?

LE COMTE.

Tu redoubles ma peine,
C'est assez.

TILNEY.

Mais enfin, que diray-je à la Reyne?

LE COMTE.

Qu'on vient de m'avertir que l'Echafaut est prest,
Qu'on doit dans un moment executer l'Arrest,
1165 Et qu'innocent d'ailleurs, je tiens cette mort chere,
Qui me fera bientost cesser de luy déplaire.

TILNEY.   [p. 55]

Je vay la retrouver; mais encor une fois,
Par ce que vous devez...

LE COMTE.

Je sçais ce que je dois.
Adieu, puis que ma gloire à ton zele s'oppose,
1170 De mes derniers momens souffre que je dispose.
Il m'en reste assez peu, pour me laisser au moins
La triste liberté d'en joüir sans Témoins.

* * *

SCENE II.

LE COMTE *seul*.

O Fortune, ô Grandeur, dont l'amorce flateuse
Surprend, touche, ébloüit une Ame ambitieuse,

1175 De tant d'honneurs reçeus c'est donc là tout le fruit?
Un long temps les amasse, un moment les détruit.
Tout ce que le Destin le plus digne d'envie
Peut attacher de gloire à la plus belle vie,
J'ay pû me le promettre, et pour le meriter,
1180 Il n'est projet si haut qu'on ne m'ait veu tenter;
Cependant aujourd'huy (se peut-il qu'on le croye)
C'est sur un Echafaut que la Reyne m'envoye.
C'est là qu'aux yeux de tous m'imputant des forfaits…

* * *

SCENE III.   [p. 56]

LE COMTE D'ESSEX, SALSBURY.

LE COMTE.

Hé bien, de ma faveur vous voyez les effets.
1185 Ce fier Comte d'Essex dont la haute fortune
Attiroit de Flateurs une foule importune,
Qui vit de son bonheur tout l'Univers jaloux,
Abatu, condamné, le reconnoissez-vous?
Des Lâches, des Méchans Victime infortunée,
1190 J'ay bien en un moment changé de destinée,
Tout passe, et qui m'eust dit apres ce qu'on m'a veu,
Que je l'eusse éprouvé, je ne l'aurois pas crû.

SALSBURY.

Quoy que vous éprouviez que tout change, tout passe,
Rien ne change pour vous, si vous vous faites grace.
1195 Je viens de voir la Reyne, et ce qu'elle m'a dit
Montre assez que pour vous l'amour toûjours agit;
Vostre seule fierté qu'elle voudroit abatre,
S'oppose à ses bontez, s'obstine à les combatre.
Contraignez vous, un mot qui marque un coeur soûmis
1200 Vous va mettre au dessus de tous vos Ennemis.

LE COMTE.

Quoy, quand leur imposture indignement m'accable,
Pour le justifier je me rendray coupable;[15]
Et par mon lâche aveu, l'Univers étonné,   [p. 57]
Apprendra qu'ils m'auront justement condamné?

SALSBURY.

1205 En luy parlant pour vous, j'ay peint vostre innocence;
Mais enfin elle cherche une aide à sa clemence;
C'est vostre Reyne, et quand pour flechir son couroux,
Elle ne veut qu'un mot, le refuserez-vous?

LE COMTE.

Oüy, puis qu'enfin ce mot rendroit ma honte extréme.
1210 J'ay vescu glorieux, et je mourray de mesme,
Toûjours inébranlable, et dédaignant toûjours
De meriter l'Arrest qui va finir mes jours.

SALSBURY.

Vous mourrez glorieux! ah Ciel, pouvez-vous croire
Que sur un Echafaut vous sauviez vostre gloire,
1215 Qu'il ne soit pas honteux à qui s'est veu si haut.

LE COMTE.

Le crime fait la honte, et non pas l'Echafaut;
Ou si dans mon Arrest quelque infamie éclate,
Elle est, lorsque je meurs, pour une Reyne ingrate,
Qui voulant oublier cent preuves de ma foy,
1220 Ne merita jamais un Sujet tel que moy;
Mais la mort m'estant plus à souhaiter qu'à craindre,
Sa rigueur me fait grace, et j'ay tort de m'en plaindre.
Apres avoir perdu ce que j'aimois le mieux,

---

[15]Var: 1202 Pour les justifier je me rendray coupable,

Confus, desesperé, le jour m'est odieux.
1225 A quoy me serviroit cette vie importune,   [p. 58]
      Qu'à m'en faire toûjours mieux sentir l'infortune?
      Pour la seule Duchesse il m'auroit esté doux
      De passer… mais helas un autre est son Epoux,
      Un autre dont l'amour moins tendre, moins fidelle…
1230 Mais elle doit sçavoir mon malheur, qu'en dit-elle?
      Me flatay-je en croyant qu'un reste d'amitié
      Luy fera de mon sort prendre quelque pitié?
      Privé de son amour pour moy si plein de charmes,
      Je voudrois bien du moins avoir part à ses larmes.
1235 Cette austere vertu qui soûtient son devoir,
      Semble à mes tristes voeux en défendre l'espoir;
      Cependant, contre moy, quoy qu'elle ose entreprendre,
      Je les paye assez cher pour y pouvoir prétendre;
      Et l'on peut, sans se faire un trop honteux effort,
1240 Pleurer un Malheureux dont on cause la mort.

                    SALSBURY.

      Quoy, ce parfait amour, cette pure tendresse,
      Qui vous fit si longtemps vivre pour la Duchesse,
      Quand vous pouvez prévoir ce qu'elle en doit soufrir,
      Ne vous arrache point ce dessein de mourir?
1245 Pour vous avoir aimé, voyez ce que luy couste
      Le cruel sacrifice…

                    LE COMTE.

                    Elle m'aima sans-doute,
      Et sans la Reyne, helas j'ay lieu de présumer
      Qu'elle eust fait à jamais son bonheur de m'aimer.
      Tout ce qu'un bel Objet d'un coeur vrayment fidelle
1250 Peut attendre d'amour, je le sentis pour elle;
      Et peut-estre mes soins, ma constance, ma foy,
      Meritoient les soûpirs qu'elle a perdus pour moy.
      Nulle felicité n'eust égalé la nostre,   [p. 59]
      Le Ciel y met obstacle, elle vit pour un autre,
1255 Un autre a tout le bien que je crûs acquerir,
      L'Hymen le rend heureux, c'est à moi de mourir.

SALSBURY.

Ah, si pour satisfaire à cette injuste envie,
Il vous doit estre doux d'abandonner la vie;
Perdez-la, mais au moins que ce soit en Héros;
1260 Allez de vostre sang faire rougir les flots,
Allez dans les Combats oû l'honneur vous appelle,
Cherchez, suivez la Gloire, et périssez pour elle.
C'est là qu'à vos Pareils il est beau d'affronter
Ce qu'ailleurs le plus ferme a lieu de redouter.

LE COMTE.

1265 Quand contre un monde entier armé pour ma défaite
J'irois seul défier la mort que je souhaite;
Vers elle j'aurois beau m'avancer sans effroy,
Je suis si malheureux, qu'elle fuiroit de moy.
Puis qu'icy seûrement elle m'offre son aide,
1270 Pourquoy de mes malheurs diférer le remede?
Pourquoy lâche et timide, arrestant le couroux…

* * *

SCENE IV.   [p. 60]

SALSBURY, LE COMTE,
LA DUCHESSE.

SALSBURY.

Venez, venez, Madame, on a besoin de vous,
Le Comte veut périr; Raison, Justice, Gloire,
Amitié, rien ne peut l'obliger à me croire.
1275 Contre son desespoir si vous vous déclarez,
Il cedera sans-doute, et vous triompherez.
Desarmez sa fierté, la victoire est facile;
Accablé d'un Arrest qu'il peut rendre inutile,

Je vous laisse avec luy prendre soin de ses jours,
1280 Et vais voir s'il n'est point ailleurs d'autre secours.

Il sort.

LE COMTE.

Quelle gloire, Madame, et combien doit l'Envie
Se plaindre du bonheur des restes de ma vie,
Puis qu'avant que je meure, on me souffre en ce lieu
La douceur de vous voir, et de vous dire adieu?
1285 Le Destin qui m'abat, n'eust osé me poursuivre,
Si le Ciel m'eust pour vous rendu digne de vivre.
Ce malheur me fait seul meriter le trépas,
Il en donne l'Arrest, je n'en murmure pas,
Je cours l'executer, quelque dur qu'il puisse estre,
1290 Trop content, si ma mort vous fait assez connoistre
Que jusques à ce jour jamais coeur enflamé
N'avoit, en se donnant, si fortement aimé.

LA DUCHESSE.   [p. 61]

Si cet amour fut tel que je l'ay voulu croire,
Je le connoistray mieux, quand tout à vostre gloire
1295 Dérobant vostre Teste à vos Persécuteurs,
Vous vivrez redoutable à d'infames Flateurs.
C'est par le souvenir d'une ardeur si parfaite,
Que tremblant des périls où mon malheur vous jette,
J'ose vous demander dans un si juste effroy,
1300 Que vous sauviez des jours que j'ay comptez à moy.
Douceur trop peu goustée, et pour jamais finie!
J'en faisois vanité, le Ciel m'en a punie.
Sa rigueur s'étudie assez à m'accabler,
Sans que la vostre encor cherche à la redoubler.

LE COMTE.

1305 De mes jours, il est vray, l'excés de ma tendresse,
En vous les consacrant, vous rendit la maistresse;
Je vous donnay sur eux un pouvoir absolu,
Et vous l'auriez encor, si vous l'aviez voulu;

Mais dans une disgrace en mille maux fertile,
1310 Qu'ay-je affaire d'un bien qui vous est inutile?
Qu'ay-je affaire d'un bien que le choix d'un Epous
Ne vous laissera plus regarder comme à vous?
Je l'aimois pour vous seule, et vostre hymen funeste,
Pour prolonger ma vie, en a détruit le reste.
1315 Ah Madame, quel coup! si je ne puis souffrir
L'injurieux pardon qu'on s'obstine à m'offrir!
Ne dites point, helas, que j'ay l'ame trop fiere,
Vous m'avez à la mort condamné la premiere,
Et refusant ma grace, Amant infortuné,
1320 J'execute l'Arrest que vous avez donné.

LA DUCHESSE.   [p. 62]

Cruel, est-ce donc peu qu'à moy-mesme arrachée,
A vos seuls interests je me sois attachée?
Pour voir jusqu'où sur moy s'étend vostre pouvoir,
Voulez-vous triompher encor de mon devoir?
1325 Il chancelle, et je sens qu'en ces rudes alarmes
Il ne peut mettre obstacle à de honteuses larmes
Qui de mes tristes yeux s'apprestant à couler,
Auront pour vous flechir plus de force à parler.
Quoy qu'elles soient l'effet d'un sentiment trop tendre,
1330 Si vous en profitez, je veux bien les répandre.
Par ces pleurs que peut-estre en ce funeste jour
Je donne à la pitié beaucoup moins qu'à l'amour;
Par ce coeur penetré de tout ce que la crainte
Pour l'Objet le plus cher y peut porter d'atteinte,
1335 Enfin par ces sermens tant de fois repétez
De suivre aveuglement toutes mes volontez,
Sauvez-vous, sauvez-moy du coup qui me menace.
Si vous estes soûmis, la Reyne vous fait grace,
Sa bonté qu'elle est preste à vous faire éprouver,
1340 Ne veut...

LE COMTE.

Ah qui vous perd, n'a rien à conserver.
Si vous aviez flaté l'espoir qui m'abandonne,

Si n'estant point à moy, vous n'estiez à personne,
Et qu'au moins vostre amour moins cruel à mes feux
M'eust épargné l'horreur de voir un autre heureux,
1345 Pour vous garder ce coeur où vous seule avez place,
Cent fois, quoy qu'innocent, j'aurois demandé grace;
Mais vivre, et voir sans cesse un Rival odieux…
Ah Madame, à ce nom je deviens furieux;
De quelque emportement si ma rage est suivie,	[p. 63]
1350 Il peut estre permis à qui sort de la vie.

LA DUCHESSE.

Vous sortez de la vie? Ah si ce n'est pour vous,
Vivez pour vos Amis, pour la Reyne, pour tous,
Vivez pour m'affranchir d'un péril qui m'étonne;
Si c'est peu de prier, je le veux, je l'ordonne.

LE COMTE.

1355 Cessez en l'ordonnant, cessez de vous trahir;
Vous m'estimeriez moins, si j'osois obeïr.
Je n'ay pas merité le revers qui m'accable,
Mais je meurs innocent, et je vivrois coupable.
Toûjours plein d'un amour dont sans cesse en tous lieux
1360 Le triste accablement paroistroit à vos yeux,
Je tâcherois d'oster vostre coeur, vos tendresses,
A l'heureux… Mais pourquoy ces indignes foiblesses?
Voyons, voyons, Madame, accomplir sans effroy
Les ordres que le Ciel a donnez contre moy.
1365 S'il souffre qu'on m'immole aux fureurs de l'Envie,
Du moins il ne peut voir de taches dans ma vie.
Tout le temps qu'à mes jours il avoit destiné,
C'est vous, et mon Païs, à qui je l'ay donné.
Vostre hymen, des malheurs pour moy le plus insigne,
1370 M'a fait voir que de vous je n'ay pas esté digne;
Que j'eus tort, quand j'osay prétendre à vostre foy,
Et mon ingrat Païs est indigne de moy.
J'ay prodigué pour luy cette vie, il me l'oste;
Un jour, peut-estre, un jour il connoistra sa faute,
1375 Il verra par les maux qu'on luy fera souffrir…

Crommer paroist avec de la suite.

Mais, Madame, il est temps que je songe à mourir.   [p. 64]
On s'avance, et je voy sur ces tristes visages,
De ce qu'on veut de moy, de pressans témoignages.
Partons, me voila prest; adieu, Madame, il faut,
1380 Pour contenter la Reyne, aller sur l'Echafaut.

LA DUCHESSE.

Sur l'Echafaut? Ah Ciel! quoy, pour toucher vostre ame,
La pitié... Soûtiens-moy...

LE COMTE.

               Vous me plaignez, Madame;
Veüille le juste Ciel, pour prix de vos bontez,
Vous combler et de gloire et de prosperitez,
1385 Et répandre sur vous tout l'éclat qu'à ma vie,
Par un Arrest honteux, oste aujourd'huy l'Envie.
Avancez, je vous suy. *Prenez soin de ses jours,
L'état où je la laisse a besoin de secours.
    Il parle à une Suivante de la Duchesse.

Fin du Quatriéme Acte.

ACTE V. [p. 65]

SCENE PREMIERE.

ELISABETH, TILNEY.

ELISABETH.

    L'approche de la mort n'a rien qui l'intimide?
1390 Prest à sentir le coup, il demeure intrépide,
    Et l'Ingrat dédaignant mes bontez pour appuy,
    Peut ne s'étonner pas, quand je tremble pour luy?
    Ciel! mais en luy parlant, as-tu bien sçeu luy peindre
    Et tout ce que je puis, et tout ce qu'il doit craindre?
1395 Sçait-il quels durs ennuis mon triste coeur ressent?
    Que dit-il?

TILNEY.

        Que toujours il vescut innocent,
    Et que si l'imposture a pû se faire croire,
    Il aime mieux périr, que de trahir sa gloire.

ELISABETH.

    Aux despens de la mienne, il veut, le Lâche, il veut
1400 Montrer que sur sa Reyne il connoit ce qu'il peut;   [p. 66]
    De cent crimes nouveaux fust sa fierté suivie,
    Il sçait que mon amour prendra soin de sa vie.
    Pour vaincre son orgueil, prompte à tout employer,
    Jusques sur l'Echafaut je voulois l'envoyer,
1405 Pour derniere esperance essayer ce remede;
    Mais la honte est trop forte, il vaut mieux que je cede[16]
    Que sur moy, sur ma gloire, un changement si prompt
    D'un Arrest mal donné fasse tomber l'affront.

---

[16]Var: 1406 Mais la honte est trop forte, il vaut mieux que je cede,

Cependant quand pour luy j'agis contre moy-mesme,
1410 Pour qui le conserver? Pour la Duchesse, il l'aime.

TILNEY.

La Duchesse?

ELISABETH.

Oüy, Suffolc fut un nom emprunté,
Pour cacher un amour qui n'a point éclaté.
La Duchesse l'aima; mais sans m'estre infidelle,
Son hymen l'a fait voir, je ne me plains point d'elle.
1415 Ce fut pour l'empescher, que courant au Palais,
Jusques à la revolte il poussa ses projets.
Quoy que l'emportement ne fust pas legitime,
L'ardeur de s'élever n'eut point de part au crime,
Et l'Irlandois par luy, dit-on favorisé,
1420 L'a pû rendre suspect d'un accord suposé.
Il a des Ennemis, l'imposture a ses ruses,
Et quelquefois l'Envie... Ah foible, tu l'excuses.
Quand aucun attentat n'auroit noircy sa foy,
Qu'il seroit innocent, peut il l'estre pour toy?
1425 N'est il pas, n'est-il pas ce Sujet témeraire,
Qui faisant son malheur d'avoir trop sçeu te plaire,
S'obstine à préferer une honteuse fin
Aux honneurs dont ta flame eust comblé son destin?
C'en est trop; puis qu'il aime à périr, qu'il périsse.

* * *

SCENE II.   [p. 67]

ELISABETH, TILNEY, LA DUCHESSE.

LA DUCHESSE.

1430 Ah grace pour le Comte, on le mene au suplice.

ELISABETH.

Au suplice?

LA DUCHESSE.

Oüy, Madame, et je crains bien, helas,
Que ce moment ne soit celuy de son trépas.

ELISABETH *à Tilney.*

Qu'on l'empesche, cours, vole, et fay qu'on le ramene.
Je veux, je veux qu'il vive. Enfin, superbe Reyne,
1435 Son invincible orgueil te réduit à céder;
Sans qu'il demande rien, tu veux tout accorder.
Il vivra, sans qu'il doive à la moindre priere
Ces jours qu'il n'employra qu'à te rendre moins fiere,
Qu'à te faire mieux voir l'indigne abaissement
1440 Où te porte un amour qu'il brave impunément.
Tu n'es plus cette Reyne autrefois grande, auguste,
Ton coeur s'est fait esclave, obeïs, il est juste.
Cessez de soûpirer, Duchesse, je me rends,
Mes bontez de ses jours vous sont de seurs garands.
1445 C'est fait, je luy pardonne.   [p. 68]

LA DUCHESSE.

Ah que je crains, Madame,
Que son malheur trop tard n'ait attendry vostre ame!
Une secrete horreur me le fait pressentir.
J'estois dans la Prison d'où je l'ay veu sortir;
La douleur qui des sens m'avoit osté l'usage,

1450 M'a du temps pres de vous fait perdre l'avantage;
  Et ce qui doit sur tout augmenter mon soucy,
  J'ay rencontré Coban à quelques pas d'icy.
  De vostre Cabinet quand je me suis montrée,
  Il a presque voulu me défendre l'entrée.
1455 Sans-doute il n'estoit là qu'afin de détourner
  Les avis qu'il a craint qu'on ne vous vinst donner.
  Il hait le Comte, et preste au Party qui l'accable,
  Contre ce Malheureux un secours redoutable.
  On vous aura surprise, et tel est de mon sort...

ELISABETH.

1460 Ah si ses Ennemis avoient hasté sa mort,
  Il n'est ressentiment, ny vangeance assez prompte,
  Qui me pust...

* * *

SCENE III.

ELISABETH, LA DUCHESSE,
CECILE.

ELISABETH.

  Approchez, qu'avez-vous fait du Comte?
On le mene à la mort, m'a-t-on dit.

CECILE.   [p. 69]

     Son trépas
  Importe à vostre gloire ainsi qu'à vos Etats;
1465 Et l'on ne peut trop tost prévenir par sa peine,
  Ceux qu'un appuy si fort à la revolte entraîne.

ELISABETH.

Ah, je commence à voir que mon seul interest
N'a pas fait l'équité de son cruel Arrest.
Quoy, l'on sçait que tremblante à soufrir qu'on le donne,
1470   Je ne veux qu'éprouver si sa fierté s'étonne;
C'est moy sur cet Arrest que l'on doit consulter,
Et sans que je le signe, on l'ose executer.
Je viens d'envoyer l'ordre afin que l'on arreste;
S'il arrive trop tard, on payera de sa Teste,
1475   Et de l'injure faite à ma gloire, à l'Etat,
D'autre sang, mais plus vil, expiëra l'attentat.

CECILE.

Cette perte pour vous sera d'abord amere,
Mais vous verrez bientost qu'elle estoit necessaire.

ELISABETH.

Qu'elle estoit necessaire! Ostez-vous de mes yeux,
1480   Lâche, dont j'ay trop crû l'avis pernicieux.
La douleur où je suis ne peut plus se contraindre,
Le Comte par sa mort vous laisse tout à craindre,
Tremblez pour vostre sang, si l'on répand le sien.

CECILE.

Ayant fait mon devoir, je puis ne craindre rien,
1485   Madame; et quand le temps vous aura fait connoistre   [p. 70]
Qu'en punissant le Comte, on n'a puny qu'un Traistre,
Qu'un Sujet infidelle…

ELISABETH.

                Il l'estoit moins que toy,
Qui t'armant contre luy, t'es armé contre moy.
J'ouvre trop tard les yeux pour voir ton entreprise;
1490   Tu m'as par tes conseils honteusement surprise,
Tu m'en feras raison.

CECILE.

Ces violens éclats...

ELISABETH.

Va, sors de ma presence, et ne réplique pas.

* * *

SCENE IV.

ELISABETH, LA DUCHESSE.

ELISABETH.

Duchesse, on m'a trompée, et mon ame interdite
Veut en vain s'affranchir de l'horreur qui l'agite.
1495 Ce que je viens d'entendre explique mon malheur.
Ces Témoins écoutez avec tant de chaleur,
L'Arrest si-tost rendu, cette peine si prompte,
Tout m'apprend, me fait voir l'innocence du Comte,
Et pour joindre à ma peine un tourment infiny,[17]
1500 Peut-estre je l'apprens apres qu'il est puny.
Durs, mais trop vains remords! Pour commencer ma peine,   [p. 71]
Traitez-moy de Rivale, et croyez vostre haine;
Condamnez, détestez ma barbare rigueur,
Par mon aveugle amour je vous couste son coeur,
1505 Et mes jaloux transports favorisant l'Envie,
Peut-estre encor, helas, vous cousteront sa vie.

* * *

---

[17]Var: 1499 Et pour joindre à mes maux un tourment infiny,

SCENE V.

ELISABETH, LA DUCHESSE,
TILNEY.

ELISABETH.

Quoy, déja de retour? As-tu tout arresté?
A-t-on reçeu mon ordre? est-il executé?

TILNEY.

Madame…

ELISABETH.

Tes regards augmentent mes alarmes.
1510 Qu'est-ce donc? qu'a-t-on fait…

TILNEY.

Jugez-en par mes larmes.

ELISABETH.

Par tes larmes! Je crains le plus grand des malheurs,
Ma flame t'est connue, et tu verses des pleurs!
Auroit-on, quand l'amour veut que le Comte obtienne…   [p. 72]
Ne m'apprens point sa mort, si tu ne veux la mienne.
1515 Mais d'une Ame égarée inutile transport!
C'en sera fait sans-doute.

TILNEY.

Oüy, Madame.

ELISABETH.

Il est mort,
Et tu l'as pû souffrir?

TILNEY.

Le coeur saisy d'alarmes,
J'ay couru, mais par tout je n'ay veu que des larmes.
Ses Ennemis, Madame, ont tout précipité,
1520 Déja ce triste Arrest estoit executé,
Et sa perte si dure à vostre ame affligée,
Permise malgré vous, ne peut qu'estre vangée.

ELISABETH.

Enfin ma barbarie en est venuë à bout.
Duchesse, à vos douleurs je dois permettre tout;
1525 Plaignez-vous, éclatez. Ce que vous pourez dire,
Peut-estre avancera la mort que je desire.

LA DUCHESSE.

Je cede à la douleur, je ne le puis celer,
Mais mon cruel devoir me défend de parler;
Et comme il m'est honteux de montrer par mes larmes
1530 Qu'en vain de mon amour il combatoit les charmes,
Je vais pleurer ailleurs, apres ces rudes coups,
Ce que je n'ay perdu que par vous et pour vous.

* * *

SCENE DERNIERE.   [p. 73]

ELISABETH, SALSBURY, TILNEY.

ELISABETH.

Le Comte ne vit plus, ô Reyne, injuste Reyne!
Si ton amour le perd, qu'eust pû faire ta haine?
1535 Non, le plus fier Tyran par le sang affermy…
            Le Comte de Salsbury entre.

Hé bien, ç'en est donc fait? vous n'avez plus d'Amy.

SALSBURY.

Madame, vous venez de perdre dans le Comte
Le plus grand...

ELISABETH.

         Je le sçais, et le sçais à ma honte;
      Mais si vous avez crû que je voulois sa mort,
1540   Vous avez de mon coeur mal connu le transport.
      Contre moy, contre tous, pour luy sauver la vie,
      Il falloit tout oser, vous m'eussiez bien servie;
      Et ne jugiez-vous pas que ma triste fierté
      Mandioit pour ma gloire un peu de seûreté?
1545   Vostre foible amitié ne l'a pas entenduë,
      Vous l'avez laissé faire, et vous m'avez perduë.
      Me faisant avertir de ce qui s'est passé,
      Vous nous sauvez tous deux.[18]

SALSBURY.   [p. 74]

             Helas, qui l'eust pensé!
      Jamais effet si prompt ne suivit la menace.
1550   N'ayant pû le résoudre à vous demander grace,
      J'assemblois ses Amis pour venir à vos pieds
      Vous montrer par sa mort dans quels maux vous tombiez,
      Quand mille cris confus nous sont un seur indice
      Du dessein qu'on a pris de hâter son suplice.
1555   Je dépesche aussitost vers vous de tous costez.

ELISABETH.

Ah, le lâche Coban les a tous arrestez,
Je voy la trahison.

---

[18]Var: 1548 Vous nous sauviez tous deux.

SALSBURY.

Pour moy, sans me connoistre,
Tout plein de ma douleur, n'en estant plus le maistre,
J'avance, et cours vers luy d'un pas précipité,
1560 Au pied de l'Echafaut je le trouve arresté.
Il me voit, il m'embrasse, et sans que rien l'étonne,
Quoy qu'a tort, me dit-il, *la Reyne me soupçonne,*[19]
Voyez-la de ma part, et luy faites sçavoir
Que rien n'ayant jamais ébranlé mon devoir,
1565 *Si contre ses bontez j'ay fait voir quelque audace,*
Ce n'est point par fierté que j'ay refusé grace:
Las de vivre, accable des plus mortels ennuis,[20]
En courant à la mort ce sont eux que je fuis;
Et s'il m'en peut verser, quand je l'auray soufferte,[21]
1570 *C'est de voir que deja triomphant de ma perte,*
Mes lâches Ennemis luy feront éprouver...
On ne luy donne pas le loisir d'achever,
On veut sur l'Echafaut qu'il paroisse, il y monte;   [p. 75]
Comme il se dit sans crime, il y paroist sans honte,
1575 Et salüant le Peuple, il le voit tout en pleurs
Plus vivement que luy ressentir ses malheurs.
Je tâche cependant d'obtenir qu'on difere,
Tant que vous ayez sçeu ce que l'on ose faire.
Je pousse mille cris pour me faire écouter,
1580 Mes cris hastent le coup que je pense arrester.
Il se met à genoux; déja le Fer s'appreste,
D'un visage intrépide il presente sa teste,
Qui du tronc separée...

ELISABETH.

Ah, ne dites plus rien,
Je le sens, son trépas sera suivy du mien.
1585 Fiere de tant d'honneurs, c'est par luy que je regne,
C'est par luy qu'il n'est rien où ma grandeur n'atteigne;
Par luy, par sa valeur, ou tremblans, ou défaits,

---

[19]Var: 1562 *Quoy qu'à tort*, me dit-il, *la Reine me soupçonne,*
[20]Var: 1567 *Las de vivre, accablé des plus mortels ennuis,*
[21]Var: 1569 *Et s'il m'en peut rester, quand je l'auray soufferte,*

Les plus grands Potentats m'ont demandé la Paix,
Et j'ay peu me résoudre… Ah remords inutile,
1590 Il meurt, et par toy seule, ô Reyne trop facile.
Apres que tu dois tout à ses fameux Exploits,
De son sang pour l'Etat répandu tant de fois,
Qui jamais eust pensé qu'un Arrest si funeste
Dust sur un Echafaut faire verser le reste.
1595 Sur un Echafaut, Ciel! quelle horreur! quel revers!
Allons, Comte, et du moins aux yeux de l'Univers
Faisons que d'un infame et rigoureux suplice
Les honneurs du Tombeau reparent l'injustice.
Si le Ciel à mes voeux peut se laisser toucher,
1600 Vous n'aurez pas longtemps à me la reprocher.

FIN.

NOTES.

Au Lecteur

l. 4-6	Un critique au moins semble avoir retourné contre l'auteur cette observation. Voir plus haut, Introduction, p. XVIII, n. 54.
l. 14-6	Les gens de l'époque auraient donc vu la falsification là où elle n'existait pas, et Voltaire avait raison de parler de leur ignorance de l'histoire anglaise.
l. 19	Tout porte à croire que La Calprenède ne fit que suivre une légende ou tradition établie. Voir plus haut, p. X, n. 21.
l. 21-3	Respecter l'Histoire dans ses grandes lignes, mais en changer les détails au besoin, était une doctrine que Thomas Corneille avait professée dans des 'Au Lecteur' précédents: 'L'usage de nos mœurs n'a point souffert que j'aye suivi l'exacte verité de l'Histoire...' (*Antiochus*, 1666); 'Le sujet de cette Tragedie est tiré du trente septiéme Livre de Justin. Ceux qui auront la curiosité de l'y chercher, connoistront ce que j'ay ajousté à l'Histoire pour l'accommoder à nostre Theatre' (*Laodice*, 1668). Cf. Corneille l'aîné, 'Discours de la tragédie', *Œuvres Complètes*, éd. G. Couton, Vol. III, p. 159.
Acteurs	On se demande d'où viennent ces deux noms de Tilney et de Crommer, qui paraissent dériver d'authentiques noms de famille anglais. On rencontre dans les *Annales* de Camden plusieurs Tilney, n'ayant aucun lien toutefois avec le Comte d'Essex. L'origine de 'Crommer' reste une énigme.
v.7	sur l'appuy de = en considération de.
v.22	sur = en vous reposant sur.
v.24	Aujourd'hui les deux éléments de la négation se placeraient normalement devant l'infinitif présent (ne jamais tomber) au lieu de l'encadrer comme ils le faisaient d'habitude à l'époque de Thomas Corneille. L'auteur utilise de temps en temps la construction moderne (par exemple, v. 219, 412, 744).
v.27	Pour voir = pour qu'on voie.
v.33-4	Nous avons ici le premier exemple d'un procédé stylistique qu'affectionne beaucoup Thomas Corneille: la parole coupée. On dirait peut-être qu'il l'utilise pour souligner l'impétuosité notoire du héros et de l'héroïne, et non point parce qu'il est en mal de rimes, mais il est difficile de lui laisser le bénéfice du

doute lorsqu'on observe que même des personnages subalternes comme Cécile (v.740) et Tilney (v. 832) interrompent leurs supérieurs, au mépris de toutes les règles de la bienséance. L'abbé d'Aubignac critiqua des interruptions semblables dans l'œuvre de Pierre Corneille (*Dissertations contre Corneille*, éds N. Hammond et M. Hawcroft, pp. 51-52, 98-99).

v.43-4   Thomas Corneille pensa-t-il à son ancien protecteur, le prodigue surintendant des finances Nicolas Fouquet, qui, après 's'être oublié' à la fameuse fête de Vaux-le-Vicomte (1661), paya, de la prison à vie, le 'crime' d'avoir osé briller devant Louis XIV?

v.46   Le mot 'ligue' évoque heureusement, quoique fortuitement sans doute, la comparaison que fit un des juges d'Essex, Francis Bacon, entre le comportement de son protecteur d'autrefois et celui du duc de Guise, chef du parti catholique (La Ligue) français, qui avait délogé le roi Henri III de Paris en mai 1588. Voir Bacon, 'A declaration of the practices and treasons attempted and committed by Robert earl of Essex' (1601), *Works*, Vol. III, p. 176.

v.48   Sous la plume de Camden (*Annales*, année 1590) l'intelligence du comte de Tyrone prend des proportions quasi homériques. L'annaliste rend hommage au vaste esprit ('animus ingens') de l'Irlandais, à sa capacité de traiter les plus grandes affaires ('maximisque par negotiis'), à ses connaissances étendues en l'art militaire ('militiae multa scientia'), et à sa profonde dissimulation ('ad simulandum animi altitudo profunda'). Tout cela, joint à un corps robuste, accoutumé aux privations, faisait de lui un ennemi redoutable.

v.49   querelle: 'se dit aussi de l'interest d'autruy, quand on en prend la deffense' (A. Furetière, *Dictionnaire universel*, 1690).

v.56   mon avis suivy: tournure latine appréciée par Thomas Corneille et ses contemporains. Cf. v. 239, 536, 571, 599, 677, 773, 823, 875.

v.58-60   Voltaire s'indigna de voir 'traiter avec tant d'indignité des hommes de la plus grande naissance et du plus grand mérite' (*Commentaires sur Corneille*, op. cit., p. 1006). La Harpe lui emboîta le pas, sur un ton mélodramatique: 'C'est aux hommes équitables et éclairés, à ceux qui respectent la vérité et la justice, à décider si un poète a le droit de [...] nous

donner pour de vils scélérats des juges qui firent leur devoir'
(*Cours de littérature*, op. cit., Vol. VIII, p. 152).

v.61 séduisent = trompent. Cf. v. 354.

v. 67 sur = en vertu de.

v.68 Le palais dont il s'agit est celui de Whitehall.

v.69 Voltaire fut prompt à faire remarquer que ' le duc d'Irton' était tout à fait inconnu des historiens. Un spectateur anglais de la pièce — et il y en avait quelques-uns (voir plus haut, p. XVI, n. 45) — penserait sans doute au gendre de Cromwell, Henry Ireton, qui occupa pendant une année en Irlande (1650-51) le même poste que le Comte d'Essex, celui de Lord Deputy. Quant à 'Henriette', c'était le prénom de deux personnalités intimement mêlées aux affaires anglaises du XVIIe siècle: Henriette Marie, réfugiée dans sa France natale après l'exécution de son mari Charles I (1649), et leur fille cadette Henriette d'Angleterre, première épouse infortunée du frère de Louis XIV.

v.71 étonner: 'causer à l'ame de l'emotion, soit par surprise, soit par admiration, soit par crainte' (Furetière).

v.85 Fille = fille d'honneur.

v.86 l'entraîne = entraîne la reine.

v.87 Les critiques, mis sur la piste par Voltaire, ont toujours signalé la ressemblance entre cette situation d'une femme forcée d'agir pour le compte de sa rivale et celle d'Atalide coincée entre Roxane et Bajazet dans la pièce de Racine. Le thème de l'homme qui aime, et est aimé de, la confidente d'une autre femme à laquelle il se sent obligé de faire la cour avait déjà figuré dans la tragédie favorite de Thomas Corneille, *Ariane*, qui souleva autant d'applaudissements que *Bajazet* lorsque les deux pièces furent livrées au public pour la première fois en janvier (*Bajazet*) et février (*Ariane*) 1672.

v.89 son amour = l'amour que j'avais pour elle.

v.96 Me mettoit en repos sur la foy de l'Amour = le rassurait qu'Henriette tiendrait ses promesses, lui resterait fidèle.

v.99 foy: 'On dit, *La foy conjugale*, pour dire, L'obligation qu'un mari et une femme contractent l'un envers l'autre, en s'espousant'(*Dictionnaire de l'Académie Française*, 1694).

v.110 Ce vers résume assez bien l'opinion sur la destinée du Comte que Thomas Corneille s'évertue pendant toute la pièce à faire partager au spectateur.

v.114   déplaisirs: 'Chagrin, tristesse que l'on conçoit d'une chose qui choque, qui deplaist. Ce pere a eu le *deplaisir* de voir mourir tous ses enfants avant luy' (Furetière).

v.115   soins: 'On dit [...] *Rendre de petits soins à une Dame*, pour dire, S'attacher à luy rendre beaucoup de petits services qui luy soient agreables' (*Dictionnaire de l'Académie*). Cf. plus loin, v. 146.

v.123   objet: 'se dit aussi poëtiquement des belles personnes qui donnent de l'amour' (Furetière).

v.124   Plus d'une femme — outre son épouse Frances Walsingham, sa maîtresse en titre Elizabeth Southwell, et la reine Elisabeth — s'intéressa à Essex, mais son cercle d'admiratrices connues manquait d'une Suffolc. Camden, à la date de 1563, avait enregistré la mort de 'Francisca Ducissa Suffolciae', une nièce du roi Henry VIII. Thomas Corneille, en feuilletant les *Annales*, prit-il note de ce nom?

v.132   il la faut oublier: le français moderne dirait 'il faut l'oublier', mais au XVIIe siècle on avait tendance à considérer un verbe principal suivi d'un infinitif comme s'ils n'en faisaient plus qu'un, et à placer par conséquent le pronom personnel devant le premier verbe. Cependant l'usage moderne avait fait des progrès, et on en trouvera beaucoup d'exemples dans cette pièce.

v.141-2   Comme Pauline, femme de Polyeucte, la Duchesse 'a l'âme noble et parle à cœur ouvert' (*Polyeucte*, v. 463). La première partie de la scène rappelle l'entrevue entre Pauline et Sévère (*Polyeucte*, II, 2) où la nouvelle mariée avoue au héros qu'elle a espéré épouser, et qui lui reproche son peu d'amour, que cet amour dure encore, mais qu'elle suivra son devoir.

v.144   feu: plus qu'usées, les images du feu continuaient à être partout associées à la passion de l'amour. Cf. plus loin, 'flame' (v.193, 233, 819, 1030), 'brûler' (v. 202, 402).

v.155   Trop aveugle pour moy = trop aveuglé par l'amour que vous me portiez.

v.158   charmez: le premier sens du verbe 'charmer' que donnent les anciens dictionnaires le relie au domaine de la sorcellerie et de la magie. Ainsi: 'User de sortilege et de charme' (P. Richelet, *Dictionnaire françois*, 1680); 'Faire quelque effet merveilleux par la puissance des charmes ou du Demon' (Furetière); 'Employer un charme [Ce qui se fait par art magique] pour produire quelque effet extraordinaire' (*Dictionnaire de l'Académie*).

v.159 en pouvoir d'estre = en mesure d'être.

v.163 attentat: 'outrage ou violence qu'on tâche de faire à quelqu'un'(Furetière).

v.163-4 C'est-à-dire que les ennemis d'Essex auraient bassement cherché ou réussi à persuader Elisabeth qu'en essayant de soulever la capitale il avait visé non pas à empêcher le mariage d'Henriette mais à monter sur le trône.

v.176 maux dont vous vous étonniez = maux qui vous effrayaient.

v.178 Pour craindre = Parce que vous avez craint.

v.201-8 Nous avons ici, en raccourci, un exemple d'une de ces 'questions d'amour' qui avaient fait les délices de la haute société cultivée depuis le Moyen Âge. Il s'agissait de mettre sur le tapis quelque sujet relatif à l'amour, sous la forme, très souvent, d'une comparaison entre deux situations pénibles où un amoureux ou une amoureuse pouvait se trouver, et de discuter, de vive voix ou par écrit, qui était le plus à plaindre, quelle ligne de conduite il faudrait adopter, etc.

v.205 disgrace: 'signifie aussi, malheur, accident [...] Les hommes sont sujets à mille *disgraces*' (Furetière).

v.208 Thomas Corneille, de son propre aveu, aimait mieux 'tâcher de' que 'tâcher à' (*Commentaires sur les Remarques de Vaugelas*, éd. J. Streicher, Vol. II, p. 734), mais cette dernière construction se trouve presque partout dans *Le Comte d'Essex*.

v.222 mes Envieux = ceux qui m'envient.

v.225-8 La Duchesse répète la tactique de Salsbury: flatter l'amour-propre du Comte avant de l'avertir que péché d'orgueil ne va pas sans danger. Cf. plus haut, v.17-26.

v.229 pratiques: 'se dit odieusement des cabales et menées secrètes qu'on fait pour nuire au public, ou au particulier' (Furetière).

v.232 à n'oublier jamais = à n'être jamais oublié. Dans l'ancienne langue, l'infinitif actif précédé d'une préposition avait souvent la valeur passive.

v.237-8 Garder le silence s'avère aussi fatal pour 'l'innocent' Essex que pour 'l'innocent' Hippolyte de Racine dans *Phèdre* qui avait précédé d'un an la tragédie de Thomas Corneille.

v.246 L'un et l'autre eut: Thomas Corneille préférait mettre aù pluriel un verbe ayant plusieurs sujets (*Commentaires sur les Remarques de Vaugelas*, op. cit., Vol. II, p.655), mais le singulier était admis sans difficulté (Cf. Racine, *Bajazet*, v.1234, 'D'ailleurs l'ordre, l'esclave, et le visir me presse'.), et le dramaturge lui-même croyait que l'expression 'l'un et l'autre' avec le singulier était 'plus dans l'usage' (*Commentaires*, Vol. I, p. 279).

v.254   'Le lundi 22ᵉ de ce mois [décembre 1588], comme le duc de Guise [Henri 1ᵉʳ de Lorraine, 'le Balafré'] se mettoit à table pour disner, il trouva un billet sous sa serviette, dedans lequel il y avoit escrit "qu'il se donnast garde et qu'on estoit sur le point de lui jouer un mauvais tour", lequel ayant leu, il escrivist de sa main au-dessous ces deux mots: "ON N'OSEROIT", et le rejetta sous la table' (Pierre de l'Estoile, *Registre-Journal de Henri III*, éds Michaud et Poujoulat p. 267). Le 23 décembre, Henri III fit assassiner le duc. La référence au Balafré n'avait pas échappé à Voltaire.

v.273   où mon cœur = auquel mon cœur (cf. v. 471, 590, 688, 808, 1440, 1586). 'Le pronom *lequel* est d'ordinaire si rude en tous ses cas que nostre langue semble y avoir pourveu, en nous donnant de certains mots plus doux et plus courts, pour substituer en sa place, comme, *où...*', explique Vaugelas, *Remarques sur la langue françoise*, éd. J. Streicher, p. 91.

v.290   assiete: 'Il se dit fig. De l'estat et de la disposition de l'esprit' (*Dictionnaire de l'Académie*, au mot SEOIR).

v.291   Sur quelque impression = Quelle que soit l'impression qui ait pu troubler l'esprit de la reine.

v.319   L'emploi des pronoms 'y' et 'en' pour désigner des personnes était alors fréquent. Cf. v. 657, 761, 951, 1007.

v.331-3 C'est le troisième avertissement de cette sorte qu'Essex a reçu en l'espace de trois scènes. Il paraît aussi sourd aux avis salutaires que Dom Juan dans la pièce de Molière que Thomas Corneille avait expurgée et rajeunie l'année précédente sous le titre *Le Festin de Pierre* (1677).

v.343   sur quoi = pour quelles raisons.

v.350-2 Pâle reflet des paroles que lâcha le Secrétaire Cecil au milieu du jugement d'Essex, dans le récit de Camden.

v.355   foy = loyauté envers la reine.

v.357-60 Ce monologue, destiné sans doute à montrer le Traître dans toute sa noirceur, suggère quand même que Cécile a deux bonnes raisons d'agir contre Essex: le Comte l'a traité avec mépris, ce qui exige, d'après le code d'honneur de la noblesse à l'époque, une prompte vengeance; s'il tarde à se venger son rival aura le temps de mettre à exécution la menace qu'il vient de proférer.

v.366 le poison: 'Ce mot se dit quelquefois en bonne part, et sur tout en parlant d'amour' dit le *Dictionnaire* de Richelet, qui cite en exemple le beau compliment 'Elle est le plus agréable poison que la nature ait fait'.

v.367-8 On comprend mieux, après avoir lu de tels vers, pourquoi La Harpe prononça le jugement suivant sur Thomas Corneille: 'il y a peu d'auteurs dont la lecture soit plus rebutante', *Cours de littérature*, op. cit., Vol. VIII, p. 148.

v.372 refus = refus d'autres prétendants.

v.374 pour sa vangeance = pour la venger.

v.378 ne le pas défendre: le lecteur moderne s'attendrait à 'ne pas le défendre', mais l'ordre de mots ne + pronom + pas + infinitif ou ne + pronom + infinitif + pas n'avait rien d'extraordinaire à l'époque classique.

v.382-4 Encore une 'question d'amour', mais aussi une petite touche de couleur locale pour qui connaissait tant soit peu l'ambiance de la cour élisabéthaine où les hommes trouvaient normal de se poser en amoureux de la personne de la souveraine. A la cour de Louis XIV, également, des 'sujets' osaient lever les yeux — non pas jusqu'à la reine, Marie-Thérèse, car elle était dévouée corps et âme au mari qui la trompait — mais jusqu'aux princesses de la famille royale comme Henriette d'Angleterre, belle-sœur coquette de Louis, et plus tard, la Duchesse de Bourgogne, femme espiègle du petit-fils aîné du roi. N'y avait-il pas eu, en 1670-71, le drame du mariage manqué entre la cousine germaine de Louis, Mademoiselle de Montpensier, et Lauzun, capitaine des gardes de Sa Majesté?

v.387-8 A côté des 'questions d'amour', une 'maxime d'amour', genre tout aussi populaire auprès des gens du monde qui se piquaient d'esprit et de finesse. Voir, par exemple, Bussy-Rabutin, *Mémoires*, éd. L. Lalanne, Vol. II, p. 160 sq.; *Recueil de pièces galantes en prose et en vers, de Mme la Comtesse de la Suze, et de M. Pelisson*, Vol. IV, p. 167 sq.

v.393 Mais je veux = je vous accorde que. Cf. v. 463.

v.396 Cf. *Polyeucte*, v. 436, 452.

v.399 En tant que grammairien, Thomas Corneille voulait que les termes de comparaison fussent suivis non seulement de 'que' mais de la préposition 'de' (*Commentaires sur les Remarques de Vaugelas*, op. cit., Vol. II, p. 619), quoique ses contemporains omettent volontiers cette préposition devant l'infinitif.

v.403   ennui: 'Tristesse, déplaisir' (Richelet). Cf. v. 1012, 1395, 1567.

v.448   Les dictionnaires de l'époque n'abondent pas en exemples de 's'intéresser pour' (Richelet donne: 'Mon cœur s'intéresse pour lui', se souvenant peut-être d'un vers — 1404 — d'*Andromaque* 'Mon cœur, mon lâche cœur, s'intéresse pour lui'), mais le sens ici est clair: 'prendre parti pour'. Plus loin, au vers 661, la même expression signifie 'prendre la défense de', et au vers 735, 'parler pour'.

v.456   sur = en l'accusant de.

v.462   pour le paroistre = parce qu'on paraît (criminel).

v.471-4 Ariane, dans la tragédie de Thomas Corneille qui porte son nom, se trompe de rivale, elle aussi, et révèle à l'interlocutrice intéressée ses projets de vengeance (IV, 3).

v.485   Sur un secours offert = moyennant l'offre d'un secours.

v.491   C'est-à-dire que Cécile accuse le Comte d'avoir (eu) la ferme intention de réaliser un projet coupable.

v.521   'tu vois que je sais tout', dit Auguste à Cinna (*Cinna*, v. 1560) lorsqu'il ignore encore, de même qu'Elisabeth, le motif principal du favori qui s'est comporté en traître.

v.539-40 Thomas Corneille est aussi catégorique ici que son frère sur la position du sujet vis-à-vis du souverain (Cf. *Cinna*, v. 1609-16). Les écrivains politiques français du XVIIe siècle admettaient volontiers l'origine divine du pouvoir de leur monarque mais tenaient un langage circonspect lorsqu'il s'agissait de définir ses droits sur la vie de ses sujets, faisant appel à sa conscience et à sa crainte d'être puni par le Roi des rois (Voir, par exemple, Cardin Le Bret, *De la souveraineté du roy*, 1632, Liv. 4, ch. 3, De la puissance du glaive que le Roy a sur tous ses sujets, pp. 512-16). L'opinion anglaise du siècle précédent avait prononcé dans le même sens. Dans son ouvrage admiré *De Republica Anglorum. The maner of Governement or policie of the Realme of England* (1583), Sir Thomas Smith, Secrétaire principal et ambassadeur d'Elisabeth 1ère en France, écrivit: 'In warre time, and in the field the Prince hath also absolute power, so that his worde is a law, he may put to death, or to other bodilie punishment, whom he shall thinke so to deserve, without processe of lawe or forme of judgement. This hath beene sometime used within the Realme before any open warre in sodden insurrections and rebellions, but that not allowed of wise and grave men, who in that their judgement had consideration of the consequence and example, as much as of the present necessitie, especiallie, when by anie meanes the punishment might have beene doone by order of lawe'(éd. M. Dewar, pp. 85-6).

v.543   déplorable: 'Qui mérite d'être pleuré, qui attriste' (Furetière).

v.551   C'est à voir = C'est parce qu'on voit. Cf. v. 781.

v.556   voy: lorsque la rime semblait l'exiger, les poètes du Grand Siècle n'ont pas hésité à en revenir à l'ancienne orthographe du présent de l'indicatif (voi, doi, croi, etc.) qui ne prenait pas toujours le 's' final à la première personne du singulier pour les verbes en -ir, -oir, -re.

v.563-4   'Le Lord Essex au trône!' se récria Voltaire, 'De quel droit?' — et de déplorer ou la folie d'Essex ou celle de la reine de parler d'amour à un homme qui parle, lui, de la détrôner (*Commentaires sur Corneille*, op. cit., p. 1012). L'historien indigné avait-il oublié qu'Essex, du côté maternel, était descendu de Mary Boleyn, sœur d'Anne Boleyn, mère d'Elisabeth 1ère?

v.567   me perdre innocent: façon elliptique, calquée sur le latin, de dire 'quoique je sois innocent'.

v.569   S'armer, c'est justement ce que les citoyens de Londres n'avaient pas voulu faire pour leur héros. Cf. v. 729-30.

v.587   Le nombre de perdants dans le jeu matrimonial joué pour et par Elisabeth 1ère fut en effet assez grand. Voir S. Doran, *Monarchy and Matrimony. The Courtships of Elizabeth I* (1996).

v.589   Leur hymen = le mariage de la reine avec l'un ou l'autre de ses prétendants.

v.591   quoy qu'il m'assurast = même si le mariage lui eût procuré de notables avantages.

v.601   Langage plus convenable dans la bouche du Comte (cf. v. 273) que dans celle d'Elisabeth, vu les tabous de l'époque. 'Il y a toujours de la faiblesse et même quelque image d'impudence, quand une femme sollicite elle-même un homme, bien que ce soit pour en faire son mari' (d'Aubignac, *Dissertations contre Corneille*, op. cit., p. 47).

v.615　　appas: '[appast] se prend figurement [sic] pour tout ce qui attire, qui engage à faire quelque chose' (*Dictionnaire de l'Académie*, Vol. I, Addenda).

v.629　　La tournure de ce vers frappa Voltaire d'admiration, mais il y trouva quelque chose de creux à cause de la culpabilité non équivoque du personnage réel.

v.634-6　Cette ironie que se permet le Comte à propos de ses 'crimes' est plus appuyée chez La Calprenède (II, 5, v. 645-58) et chez Boyer (II, 2).

v.637　　Allusion probable à l'attaque contre Cadix (1596) à laquelle Essex participa glorieusement en compagnie de Raleigh et de l'Amiral Charles Howard.

v.652　　L'entrevue entière (II, 5) fait souvenir de ces assauts d'escrime de la tragédie racinienne où un homme épris ailleurs doit résister aux avances, parfois entremêlées de menaces et faites 'pour la dernière fois', de la part d'une femme passionnée qui oscille entre le vouvoiement et le tutoiement suivant la réponse obtenue. Cf. surtout *Bajazet*, II, 1 et V, 4.

v.675　　affranchir vostre foy = vous laver de tout soupçon de déloyauté.

v.689　　flater: 'se dit figurément en choses spirituelles. *Flatter* sa douleur, c'est-à-dire, l'adoucir par quelques reflexions morales. *Flatter* son amour, c'est-à-dire, Se donner de belles esperances. *Flatter* son imagination, c'est la repaistre de chimeres agreables' (Furetière).

v.700-1　Faire en sorte que le principal personnage opprimé soit plaint même par les comparses au service de l'oppresseur fut toujours un bon moyen d'augmenter le pathétique dans la tragédie du XVIIe siècle. Cf. l'heureux usage qu'en fit Tristan l'Hermite dans *La Mariane* (1636).

v.716　　connu = reconnu. Cf. v. 1114.

v.764　　Voltaire fit le rapprochement, qui s'impose, entre Cécile et Narcisse (*Britannicus*), mais pour regretter que la palette de Thomas Corneille ne fût pas aussi riche en couleurs que celle de Racine (*Commentaires sur Corneille*, op. cit., p. 1010).

v.769　　emportait = remportait.

v.773-4 Vers peu clairs. Elisabeth veut-elle dire que le Comte, en la persuadant de pardonner ses crimes, aurait enchéri sur le tort qu'il lui avait fait d'asservir son cœur?

v.801 'Pourquoi veux-tu, cruelle, irriter mes ennuis?' avait dit Hermione (Racine, *Andromaque*, ‘ v. 427) à une autre confidente qui voyait trop clair dans le cœur de sa maîtresse.

v.817 Bérénice s'ébahit ainsi de voir l'empereur tout-puissant, Titus, verser des larmes d'impuissance (Racine, *Bérénice*, v. 1154).

v.822 Tremblante: la ligne de démarcation entre le participe présent adjectivé et la forme verbale, invariable, du participe en question n'avait pas encore été nettement établie. Cf. v. 1469.

v.826 s'étonne = s'effraie ou s'ébranle.

v.826-8 Illusion sur la fermeté du héros partagée par Félix à propos de Polyeucte (*Polyeucte*, v. 879-88). Cf. v. 747, 1082-4.

v.831 passent = dépassent.

v.844 doy: voir plus haut, note au vers 556.

v.849-50 'Je vous aime/Le ciel m'en soit témoin, cent fois plus que moi-même' (*Polyeucte*, v. 113-4).

v.853 On croit réentendre la consigne donnée à Oenone par une autre reine frustrée: 'Pour le [Hippolyte] fléchir enfin tente tous les moyens [...] / Presse, pleure, gémis; ...' (Racine, *Phèdre*, v. 807, 809).

v.859 Lorsqu'il y avait une suite d'impératifs, on mettait d'ordinaire le pronom complément du dernier impératif avant son verbe. Cf. Pierre Corneille, *Le Cid*, v. 290, 'Va, cours, vole et nous venge', et *Polyeucte*, v. 125, 'Va, néglige mes pleurs, cours et te précipite'.

v.862 Le vrai 'alter ego ' d'Essex, le Comte de Southampton, fut à ses côtés pendant la marche désordonnée sur Londres et le jugement rendu à Westminster Hall où on le condamna en premier lieu à l'écartèlement réservé aux traîtres. Thomas Corneille a manifestement blanchi le personnage de l'ami pour pouvoir rehausser l'innocence d'Essex et accentuer la culpabilité de leurs ennemis communs.

v.882 Argument utilisé par la Duchesse d'Irton, v. 462.

v.910 pour estre trop fier = (même) s'il est trop fier.

v.934 Il y avait eu des lettres contrefaites mêlées à l'affaire, mais la victime en fut la femme du Comte qui avait confié des papiers compromettants à une de ses servantes. Le mari de celle-ci eut l'idée de faire chanter Lady Essex, à laquelle il ne rendit, contre une somme importante, que des copies des documents originaux. Les menées du maître-chanteur ayant été découvertes peu de temps après l'exécution du Comte, il fut condamné à restituer l'argent qu'il avait extorqué à la malheureuse veuve.

v.987 appas: 'Au pluriel, se dit particulierement en Poësie, et signifie charmes, attraits, agrément, ce qui plaist. Il se dit encore plus particulierement en parlant des attraits et de la beauté des femmes' (*Dictionnaire de l'Académie*). Cf. v. 995.

v.987-8 Aveu délicat, qui cherche à innocenter celle qui parle en même temps que celui dont elle parle; mais le long récit qui suit ne fait que répéter des détails bien connus du spectateur.

v.998 mon interest = sa sollicitude pour moi.

v.1019 Sur des Témoins = Sur la foi des témoins.

v.1033 S'il n'a point = s'il n'y a point.

v.1034 Sur le crime = En m'appuyant sur.

v.1033-6 Quel était le but de Thomas Corneille en mettant dans la bouche de la reine cette déclaration étonnamment cynique ? Eut-il tout simplement l'intention d'illustrer l'idée reçue 'Qu'est-ce qu'en sa fureur une femme n'essaie?' (Pierre Corneille, *Nicomède*, v. 1503)? Se fit-il l'écho des préjugés français contre la souveraineté féminine, entérinés par la Loi Salique et largement justifiés, aux yeux de certains, par l'exemple même d'Elisabeth, qui avait 'mille fois / […] violé le droit et l'honneur et les lois' (La Calprenède, *Le Comte d'Essex*, v. 1707-8)? Voulut-il critiquer, sous le voile de l'emportement d'un personnage théâtral, les abus auxquels pourrait donner lieu la doctrine de la raison d'Etat, débattue avec passion pendant sa jeunesse (Voir E. Thuau, *Raison d'Etat et pensée politique à l'époque de Richelieu*, 1966)?

v.1039 qu'ay-je pû faire plus = qu'aurais-je pu faire de plus.

v.1075-6 Cf. *Phèdre*, v. 911-2: 'Fais ce que tu [Oenone] voudras, je [Phèdre] m'abandonne à toi. / Dans le trouble où je suis, je ne puis rien pour moi'.

v.1085-6 Thomas Corneille fut d'avis que la première personne du singulier de l'imparfait de 'croire' pût être suivie indifféremment du subjonctif ou de l'indicatif (*Commentaires sur les Remarques de Vaugelas*, op. cit., Vol. II, p. 658).

v.1093-4 il = le sang d'Essex; l'oublier = oublier le prix de plus d'une victoire.

v.1095	'Soi', représentant un sujet déterminé, s'employait encore régulièrement. Cf. Racine, *Phèdre*, v. 639, '[Thésée] Charmant, jeune, traînant tous les cœurs après soi'.
v.1103-4	On doit comprendre: 'le crime n'est pas *assez* grand pour la voir s'armer...'. 'Fièrement' dérive ici du mot latin 'fera' — 'bête sauvage' — et éveille l'idée d'une personne cruelle et inhumaine.
v.1105-8	Sur la scène contemporaine, la force du destin sert d'excuse à bon nombre d'amoureux et d'amoureuses dont la conscience n'est pas tout à fait tranquille. Cf. la Phèdre de Thomas Corneille, *Ariane*, v. 289-94:

> Je n'examine point si je pouvais sans blâme
> Au feu qui m'a surprise abandonner mon âme,
> Peut-être à m'en défendre aurais-je trouvé jour,
> Mais il entre souvent du destin dans l'amour,
> Et dût-il m'en coûter un éternel martyre,
> Le destin l'a voulu, c'est à moi d'y souscrire.

v.1111	Pour trop croire = Pour avoir trop écouté.
v.1120	se relâcher à = se laisser aller à.
v.1185-6	Cf. *Cinna*, v. 361-2: 'Enfin tout ce qu'adore en ma haute fortune / D'un courtisan flatteur la présence importune', imitation signalée par Voltaire (*Commentaires sur Corneille*, op. cit., p. 1020). Thomas Corneille n'aurait pas oublié non plus l'opinion de Bérénice sur la 'foule inconnue' qui se précipite vers elle au moment où elle semble être sur le point de devenir impératrice : 'Enfin je me dérobe à la joie importune / De tant d'amis nouveaux que me fait la fortune' (Racine, *Bérénice*, v. 135-6; 148).
v.1216	Voltaire assure que 'Ce vers a passé en proverbe, et a été quelquefois cité à propos dans des occasions funestes' (*Commentaires sur Corneille*, op. cit., p. 1020). Il ne vécut pas assez longtemps pour entendre parler de la plus célèbre occasion où ce vers fut cité, par Charlotte Corday, descendante des Corneille, écrivant à son père en juillet 1793, peu avant d'être jetée à la guillotine en expiation du meurtre de Marat.
v.1222	Le héros fait bien de s'excuser d'avoir proféré des injures contre la reine (v. 1217-20) parce qu'on conseilla aux dramaturges d'éviter tout ce qui sentait le manque de respect envers les souverains et les dames. Voir Jules de La Mesnardière, *La Poétique*, (1640), ch. 9, pp. 293-4.

v.1228-9   Cf. *Polyeucte*, v. 460: 'Hélas! elle aime un autre, un autre est son époux'.

v.1237-8   C'est-à-dire: même si l'austère vertu de la Duchesse l'empêche de pleurer la mort du Comte, celui-ci trouvera légitime de souhaiter être regretté ainsi parce qu'il va payer ses souhaits de sa vie.

v.1285-6   Employer un mélange déconcertant de termes à connotation païenne, comme 'le Destin', et aux résonances chrétiennes, comme 'le Ciel', pour désigner la puissance surnaturelle qui dirige la vie des hommes est typique des dramaturges du XVIIe siècle, imprégnés des auteurs classiques et de l'Ecriture. D'après Charles Sorel, commentant le mot 'Etoile' dans son ouvrage *De la connoissance des bons livres* (1671), il n'y avait pas de problème pour les gens du monde qui interprétaient tout dans un sens chrétien: '…parmy les Gens du Monde, le nom d'"Etoile" est aujourd'huy employé dans les Discours sans que l'on pense à l'heure de la naissance, ny aux faiseurs d'horoscopes; C'est comme de dire, "La Fortune", "le Sort", "le Destin", ou "la Destinée"; Les Payens faisoient des Divinitez de cecy, lesquelles ils adoroient, et ils en croyoient dépendre; mais pour les Chrestiens, quand ils en parlent, ils entendent par là ce qui leur arrive, et ce qui a esté reglé par la souveraine Providence' (éd. Slatkine, pp. 391-2).

v.1287   seul = à lui seul.

v.1324   encor: tandis que Vaugelas avait voulu proscrire la forme 'encor' (*Remarques sur la langue françoise*, op. cit., pp. 252-3), Thomas Corneille conclut qu' 'il devroit estre permis de dire également encor et encore, selon qu'on trouveroit à propos d'ajoûter ou de retrancher une syllabe' (*Commentaires sur les Remarques de Vaugelas*, op. cit., Vol. I, p. 482).

v.1345-7   On ne saurait souligner plus clairement que la mort du Comte va être moins une exécution qu'un suicide. Cf. ses paroles sur l'échafaud v. 1566-8.

v.1371   foy = amour et / ou main.

v.1390   Prest à = près de.

v.1403-5   Dans ce dernier acte, la condamnation à mort ressemble de plus en plus à une sorte d'expérience à laquelle Elisabeth a soumis Essex, et qui a mal tourné. Cf. v. 1470.

v.1411-6   Encore une récapitulation d'événements connus. Cf. note au v. 987-8.

v.1434	superbe: 'Vain, orgueilleux, qui a de la presomption, une trop bonne opinion de luy-même' (Furetière).
v.1467	mon seul interest = mon intérêt seul. 'C'est à l'oreille seule qu'il faut se rapporter quand on a un adjectif à placer devant ou après un substantif', conseilla l'Académie, exprimant ainsi l'embarras ressenti par les grammairiens français devant la tâche ardue de fixer des règles dans ce domaine (*Commentaires sur les Remarques de Vaugelas*, op. cit., Vol. I, p. 377).
v.1471-2	Voici l'exemple le plus frappant, premièrement de la manière dont Thomas Corneille altéra l'Histoire, et deuxièmement de l'irresponsabilité des têtes couronnées dans la tragédie française du XVIIe siècle (Cf. v. 1459, 1490, 1493, 1522, 1546). Elisabeth 1ère avait bel et bien signé l'ordre d'exécuter Essex, et d'une main qui ne semble pas avoir tremblé.
v.1489	entreprise: 'Resolution hardie de faire quelque chose [...] se dit aussi des desseins qu'on a sur la vie de quelqu'un' (Furetière).
v.1502	croyez vostre haine = laissez-vous guider par votre haine.
v.1503	détestez = maudissez. Le verbe latin 'detestari' signifie 'maudire'.
v.1515	transport: 'se dit[...] du trouble ou de l'agitation de l'ame par la violence des passions' (Furetière). Cf. v. 1540.
v.1536	'C'en est donc fait!', c'est la constatation douloureuse d'Atalide après la grande tuerie à la fin de *Bajazet* (v. 1721) où cette expression revient aussi souvent que dans *Le Comte d'Essex*.
v.1539-46	'c'est à peu près la situation d'Hermione, qui a demandé vengeance, et qui est au désespoir d'être vengée [Racine, *Andromaque*, v. 1542-3]. Mais que cette imitation est faible! Qu'elle est dépourvue de passion, d'éloquence et de génie!' (Voltaire, *Commentaires sur Corneille*, op. cit., pp. 1024-5).
v.1575-6	Quelques témoins officiels assistèrent seuls à l'exécution en 1601, à l'intérieur des murs de la Tour de Londres. Essex avait demandé, dit-on, que la cérémonie de la décollation ne se déroulât pas en public et la reine avait eu lieu de craindre que la populace ne manifestât bruyamment en faveur de l'idole déchue. En gardant l'Adieu-sur-l'Echafaud traditionnel, Thomas Corneille voulut de toute évidence faire un suprême effort pour exciter la compassion du parterre pour le héros.

v.1578   Tant que = jusqu'à ce que.

v.1584   Les dramaturges avaient été servis à souhait par l'Histoire. Elisabeth 1ère mourut le 23 mars 1603, accablée d'une profonde mélancolie engendrée, selon les partisans d'Essex, par la rigueur qu'elle avait déployée contre lui.

v.1585   Hyperbole dont la douleur est vraisemblablement responsable.

TABLE DES MATIERES

LE COMTE D'ESSEX

Textes littéraires

Titres déjà parus

Textes littéraires

2